▶ ▶I
動画
(QRコード)で
よくわかる!

ジュラシック木澤式

超筋肥大トレーニング

CYBEX

はじめに

近年はＳＮＳの発達・普及により、トレーニングに関しても様々な情報を誰でも簡単に入手できるようになりました。例えば、足幅であったり、グリップの握り方であったり、アゴの向きであったり、重心の位置であったり……、私がトレーニングを開始した１９９０年ごろには全く考えもしなかった理論やテクニックがネットの海にはあふれています。

トレーニングを始める出発地点は「筋肉をつけたい」「身体を大きく強くしたい」という方々が多いかと思います。

私もそうでした。若いころはとにかく筋肉をつけたい一心で、無我夢中でトレーニングに取り組んでいました。

トレーニングには武道の世界にあるような「道」というものがあると、私は思います。私の場合はボディビル競技者として30年以上のキャリアを積んできたので、「ボディビル道」という表現になるのかもしれません。

引退を目前に控えた今、改めてその「道」を振り返ってみると、そこには多くの分かれ道があったと感じます。人間は本能的に楽な方向に進みたがるものです。もちろん私も、とにかく楽に筋肉をつけられる方法はないものか?と考えた時代があります。しかしながら何をどう実践しても、その答えを見つけ出すことはできませんでした。逆に、覚悟を決めハードなトレーニングを行うことで筋肉は思うように増え、その中で様々な発見をしてきました。

そうして歩んできた「道」は、一過性の流行りや、その時代ごとの不確かな情報に翻弄されるものではありませんでした。今は情報が多すぎるがゆえに、それらに流され、トレーニングの本質を見誤ってしまう人も少なくないかと思います。しかしながら、トレーニングの「道」というものは、そうしたものに左右されるものではないと考えます。

ただし、その「道」が、誰でも歩けば必ず目的地にたどりつける唯一無二の一本道かと言えば、そうではありません。トレーニングには、万人に当てはまる絶対的な正解はありません。自分の道は、自分で見つけるしかありません。

私が長年のトレーニング人生の中で積み重ねきたものは、これから自分自身の「道」を拓いていく上での、一つの指標になるのではないかと思います。今回はトレーニングの「基本」「メンタル」「テクニック」の3つの軸、そして私が最終的にたどりついた究極のダイエット方法を1冊に落とし込みました。この本がみなさんにとって、何事にも動じない「トレーニング道」のヒントになれば幸いです。

2024年10月　木澤大祐

CONTENTS

デザイン　浅原拓也
スチール撮影・写真提供　岡部みつる
編集　藤本かずまさ
映像制作　岡部みつる

第3章 トレーニング実践術

第4章 種目のバリエーションを増やす！

第5章 トレーニングを行う上でのメンタル論

第6章 中級者以上は挑戦してみよう！

第7章 究極のダイエット方法

[動画内容と視聴方法]

本書では、写真と写真説明文によってトレーニングメニューを解説するページにおいて、映像で視た方が理解を深めやすいと思われる項目に関してはQRコードを添え、動画にて動作を確認できるようにしています。動画は、本書のためにあらたに撮影・編集し弊社ベースボールマガジン社のYouTubeチャンネルにアップしたものと、アフェリエイト広告を伴う著者のYouTubeチャンネルで公開されているもの、双方を含みます。QRコードを、スマートフォンやタブレット型パソコン等付属のカメラで撮影することで読み取り、動画を視聴してください。本書のためにあらたに撮影・編集した動画に関しては、QRコードを読み取った場合のみ視聴できる限定公開のかたちを採っています。

[動画に関する注意]

映像は、インターネット上の動画投稿サイト（YouTube）にアップしたものに、QRコードを読み取ることでリンクし、視聴するシステムを採用しています。経年により、YouTubeやQRコード、インターネットのシステムが変化・終了したことにより視聴不良が生じた場合、著者・発行者は責任を負いません。また、スマートフォン等での動画視聴時間に制限のある契約をされている方が、長時間視聴された場合の視聴不良等に関しても、著者・発行者は責任を負いかねます。「QRコード」は株式会社デンソーウェブの登録商標です。

PROFILE

木澤大祐（きざわ·だいすけ）◎1975年１月９日生まれ。愛知県出身。16歳からトレーニングを始め18歳でコンテストデビュー。ジャパンオープン優勝、日本クラス別選手権85kg級優勝、日本選手権19回連続ファイナリスト（2024年９月現在）など多くの実績を持つボディビル界のトップ選手。「ジェラシック木澤」の異名をもつ。2017年にはトレーニングジム「ジュラシックアカデミー」をオープン。2024年10月の日本選手権大会をもって、競技の一線から退く。自身のYouTubeチャンネルの登録者数は10万人以上。セミナーにはベテラントレーニーだけではなく、初心者の若い人も多く詰めかける。

第1章

トレーニングの基礎を押さえる

「筋肉をつける」は動物として危険な行為

まず、筋肥大目的を目的としたトレーニングを行う上でみなさんに理解しておいていただきたいことがあります。それは「筋肉は簡単にはつかない」ということです。

「筋肉」は我々人間が生きていくためには必要不可欠で、非常に大事なものです。高齢化が進む現代社会においては「健康寿命」の大切さが説かれるようにもなり、さらに「筋肉」の必要性が声高に叫ばれるようになりました。

しかしながら、必要以上の筋肉を身に纏うことは、動物にとってはリスクになることもあります。筋肉が多いということは、それだけたくさんのエネルギーを消費するからです。

大海原を漂流して、無人島に流れ着いたとします。そこには飲み水も食べ物もありません。私のようなボディビルダーと、トレーニングとは無縁の一般の方。先に息絶えるのは、おそらく私のほうです。

筋肉がたくさんある状態。それはすなわち、エネルギー消費の激しい燃費が悪い身体です。燃費が悪い身体を維持するには、たくさん食べて、エネルギーを補給しなければいけません。エネルギーが不足すれば、その筋肉量を維持できなくなります。

つまり、通常の生活に必要以上の筋肉をつけることは、動物の生存本能から考えると非常に危険な行為と言えます。生きていく上では、筋肉よりもエネルギーになる脂肪のほうが最終的には大切になってきます。ボディビルダーになると、無駄に筋肉を増やした上に、さらに脂肪を極限までそぎ落としていきます。これは動物としては、非常に危険な行為と言えます。

そう考えると筋肉が簡単につかない理由が理解できます。ただ筋肉を動かしてプロテインを飲めばみるみる筋肉がつく、とはなかなかいきません。

では、筋肉をつけるためにはどうすればいいのか？　それには筋肉に対して、今できること以上のことをほどこしていかねばなりません。例えばこれまで持ったことがないような重さのものを持つとか、今まで経験したことのない状況まで筋肉を動かし続けるとか。そういった「筋肉にとって過酷な状況」に追いやることが大切になってきます。

その「過酷な状況」を作るための手段が「トレーニング」です。トレーニングは「身体を動かすだけ」で終わるものではありません。単に「疲れる」だけではダメです。筋肉を、これまで経験したことがないような状況まで追い込むことが重要なのです。

例えば、以前よりも1kgでも重たいものを持ち上げる、1回でも回数を多く挙げるなど、毎回のトレーニングにおいて少しずつレベルを上げていくことが必要になってきます。ただ、そこでも勝手に挙げられるようになるわけではありません。

そこで必要になるのが「以前よりも挙げてやる！」というマインドです。同じ重量を同じ回数を挙げるだけの「こなす」トレーニングでは、「過酷な状況」は作れません。筋肉をつけるためには、それまで以上のことをやらなければならない。これはトレーニングを行う人が押さえておくべき、筋肉をつけるための重要な原則です。

「筋肉がつかない」のには必ず理由がある

トレーニングを続けているのになかなか身体が変わらない、筋肉がつかないという人はいるものです。そこで多くの人は「種目選びを間違えたのか」とか「フォームが悪いのではないか」とか「食事量が足らないのではないか」とか、そういったところに目を向けがちです。

そこでまず目を向けてほしいのが、トレーニングの「強度」です。これまでに私が見てきた感覚では、筋肉が思うように発達していない方の9割以上がトレーニング強度の不足です。

前述の通り、筋肉を今以上に発達させるには「今まで以上のこと」をトレーニングを通して行う必要があります。つまり、筋肉にかつてないほどの経験をさせることが重要になってくるのですが、ここでフォーカスしなければいけないのが「強度」です。

では、トレーニングの強度とは？　これはあくまで私の定義ですが、簡単に言えば「1セットの中でどこまで筋肉を酷使できるか」。つまり、「しっかりと追い込めているか」ということです。

ただ、筋肉にかつてない経験をさせるために挙げられない重量をいきなり挙げようとしても、無理なものは無理です。そうではなくて、1セットの中でどれだけギリギリまで動かせるか。1セットの中でどれだけ重たいものを挙げられるか。自分の「できる範囲を少しずつ伸ばしていく」という感覚です。

女性の方だと、重量をアップさせていくというのは難しいかましれません。そういう場合

1セットの中でどこまで筋肉を酷使できるか まずは「強度」に目を向けよ

は、前回に10回挙げられたとしたら、今日は11回を挙げられるように頑張る、11回ができたら次は12回……と回数を伸ばしていき、15回が挙げられるようになったら、そこで少しだけ重量をアップさせるなど、自分なりのルールを作っていくのもよいと思います。

男性の場合だと、ベンチプレスで100kg 10回が挙げられるようになったら、次は102・5kg 10回を目指すなど、レベルを上げていきます。ただし、重量も回数も、コンスタントに伸び続けるわけではありません。頭打ちになったときに、どう対処すればいいのか。その方法については、「回数、重量の伸ばし方」の項で改めて解説します。

「究極のトレーニング」とは？

「重たいものを持ったほうがいいのか」、それとも「筋肉に効かせたほうがいいのか」。

初心者こそ重量を伸ばし「パワフルなエンジン」を手に入れよ

トレーニーの間でよく議論される話題です。

この答えは単純かつ明確です。「より重たいものをより効かせる」これが究極のトレーニングです。筋肉量の多いボディビルダーは、「重たいもの」を持てて、さらに「効かせる」こともできるものです。トレーニングにおける最終的な目標は、ここになります。「重たいものを持つ」ことと「効かせる」ことの両方を実現させていくのです。

例えば、10kgのダンベルで丁寧にアームカールができる人と、20kgのダンベルで丁寧にアームカールができる人とでは、どちらがすごい腕をしているか。疑うまでもなく答えは後者です。

ですから、「重さだけを追求する」「効かせることだけに集中する」など、極端な方向に舵を切るのはおすすめしません。効かせながらも、重たいものを持つ。これが理想です。

ただし、「重量を伸ばす」作業と「効かせる感覚を向上させる作業」を同時に行うのは難しいものがあります。まずはそれぞれを明確に分けてトレーニングを行う必要があります。トレーニングを始めたばかりの初心者は、まずは重量を伸ばす作業を優先したほうがよいでしょう。これがその後のトレーニングを行っていく上で、もっとも大事な土台になります。

自動車に例えると、分かりやすいかもしれません。軽自動車の小さなエンジンと、F1カーほどのパワーがあるエンジン。よりスピードを出せるのは、F1カーです。アクセルを踏んだら一気に時速100kmまで加速でき、ブレーキをかけたら一気に減速できる車なら、時速60km程度のスピードならば余裕で車体をコントロールできます。より速いスピードでも車体をコントロールできるようなパワフルなエンジンや足回りを作る作業をまずはやってきましょう、ということです。これをトレーニングに例えると、扱える重量が増えればそれに伴って効かせながら扱える重量も自然と増えるということになります。

ここで「重量を増やしていく」と言っても、重量がアップしていくにしたがって、トレーニングの可動域が小さくなるのはおすすめしません。しっかりと可動域を取るスクワットで60kgが扱えて、しゃがむ深さを浅くしたら100kgを挙げられるようになった。これでは使用重量が伸びたとは言えません。重さを伸ばすトレーニングでも、毎回同じフォームで行う。重量を伸ばす際に条件を変えないというのは重要な要素です。

できるだけ重い重量を扱わずに、軽い重量で丁寧に効かせながら筋肉をつけたいという思いは、誰にでもあるかと思います。私自身もそう思います。扱う重量が軽ければ、トレーニングが楽に思えるかもしれません。

しかしながら、筋肉は効かせるだけでは思うようには発達しません。重量を伸ばしパワフルなエンジンを手に入れることで、「より重たいもの」を「より効かせられる」究極のトレーニングが実現できるようになるのです。

頻度、ルーティンの組み方

トレーニングに取り組む上で、全身をどのように分割して、どのようなルーティンで回していくか。私の場合、キャリアの終盤は「脚」「胸」「背中」「肩」「腕」の5分割で組んでいました。トレーニング頻度は週5回。つまり1週間に1回、同じ部位が回ってくることになります。

これはボディビルダーの間では基本的な組み方で、それを参考にしてルーティンを組んでいる初心者の方もいるかと思います。しかし、この組み方は、その部位のトレーニングを1週間に1回しかできない強度で行うことが大前提になります。「強度」についてはまた後述しますが、まださほど強度の高いトレーニングができていない段階では同じ部位が3日に1回、4日に1回の頻度で回ってくるようなルーティンがよいかと思います。ちなみに、私が初心者だったころは、全身のトレーニングをほぼ毎日行っていました。

その他、考慮すべきは1週間にトレーニングできる回数です。週に3、4回ジムに行けるとします。同じ部位が3日に1回、4日に1回の頻度で回ってくるように組むとすると、2分割もしくは3分割になります。週に2回しかジムに行けないとなると、全身を週2回行うことになります。この場合には連続2日でトレーニングする方と、月曜日と木曜日など適度な休息日を入れてトレーニングする方とでは、後者の方がより良いトレーニングができるかと思います。

　また、ルーティンを考えていく上で重要なのが、疲労との兼ね合いです。胸の種目のプレス動作では上腕三頭筋も使われます。前日に上腕三頭筋のトレーニングを行うと、胸の種目にかなり影響してきます。つまり、「上腕三頭筋→胸」という順番は、好ましくありません。同様の理由で、「肩→胸」、「上腕二頭筋→背中」などの順番も避けたいところです。使われる筋肉が被らないように、その前日はもちろん、前々日のトレーニングくらいまでは気を使ったほうがよいでしょう。

　逆に、「脚」はどの順番に組み込んでも、それほど大きな問題はないと感じます。「脚」だけは週に1回、その他の部位は週2回のルーティンで回すというのも、可能だとは思います。

　そして、意外と見落とされがちなのが「腹筋」です。腹筋は腰と同じく、体幹を支える重要な筋肉です。自分では使っている意識はなくても、トレーニングを行っているときはほとんどの場面で腹筋が使われています。腰の場合は自覚しやすいのですが、腹筋は疲労を感じにくい筋肉です。腰が張る、腰に疲労が溜まっている、と言う言葉はよく耳にしますが、腹筋に疲労が溜まっているという言葉はあまり耳にしないものです。腹筋のトレーニングを毎日のように行っていると、気づかないうちに疲労が溜まってしまいます。

　私の場合、体幹を使う「脚」の日、「背中」の日の前日は腹筋のトレーニングは行いません。特にフリーウエイトで安定したフォームで高重量を扱えるようになると、腹筋を無意識でしっかり使えるようになってきます。そうなると、腹筋のトレーニング自体は週に1回でも十分だと言えます。

このように考えていくと、必然的にルーティンが決まってくるはずです。原則としては、1週間の中で「大きな筋肉→小さな筋肉」という順番で組んでいきます。例えば、月曜日に「脚」を行ったとしたら火曜日は「胸」か「背中」、その次のトレーニングでは「肩」、次は「腕」、といった感じです。

発達が遅れている部位があり、「その部位に限って週2回行いたい……」といった場合は、先ほど述べた疲労との兼ね合いを考慮して組んでいく必要があります。現役時代、私は「脚の前側（大腿四頭筋）」「脚の後ろ側（ハムストリング）」「胸（プレス系）＋上腕二頭筋」「背中」「肩」「胸（ペックフライ）＋上腕三頭筋」という6分割で、「胸」を週2回行っている時期がありました。この場合、週6日トレーニングを行うので、おのずと6日連続でトレーニングすることになります。

週5日の場合ですと、2日トレーニングをして1日休む、3日トレーニングをして1日休む……という流れのように連続稼働日を減らすことができるので、週5日トレーニングをする場合と6日トレーニングをする場合とでは、疲労の感じ方にかなりの差が出ます。

次のトレーニングまでに休ませる日数は、行っているトレーニングの強度によって決まってきます。高い強度のトレーニングをしているのに、早く筋肉を発達させたいからといって、頻度を詰めてトレーニングをするのは、おすすめできません。それを積み重ねることで、いわゆるオーバーワークや怪我などの原因となります。

また、頻度を詰めることを優先させたトレーニングを行うと、1回のトレーニング強度をなかなか上げることができず、「頻度ありき」のトレーニングになってしまいます。できるだけ早い段階で、1日あたりのトレーニング強度をしっかりと上げていくことが大事です。

私は競技人生のほとんどの時期を、各部位・週1回のトレーニングで行ってきました。それは言い換えれば、週に1回しかできないようなトレーニング強度、そして一度その部位のトレーニングを行ったら1週間は休みを取る必要があるほどの強度のトレーニングができるようになったからでもあります。

では最後に、実践方法の具体例として分割とルーティンの組み方の例を紹介します。自分のトレーニングレベルに合わせて分割方法を参考にしてもらえればと思います。

・5分割
「脚」「胸」「背中」「肩」「腕」
・4分割
「脚」「背中」「胸＋上腕二頭筋」「肩＋上腕三頭筋」
・3分割
「脚」「背中＋胸」肩＋腕」
・2分割
「脚＋胸＋上腕二頭筋」「背中＋肩＋上腕三頭筋」

種目構成、種目数とセット数

1日の種目の構成の流れとしては、ジムに着いて最初に行う種目はもっともエネルギーがあり、力を出せる時間帯ですので、できる限り重さを持ち、その重量もしくは回数を伸ばしていくのに向いているかと思います。トレーニングが進むにつれてエネルギーがなくなり、疲労が蓄積されると、パワーは落ちていきます。後半に向けては、重量ではなく、効かせる感覚を高めていき、反復回数も多めの種目を入れていくのが理想です。分かりやすく言えば、前半は重量を伸ばしていく意識で行うトレーニング、後半はパンプ感や効いている感覚を大事にして行うトレーニング、という感じです。

重量を伸ばしていく種目については、考え方としてはストレッチや収縮を動作中に意識するような動きは向いていません。ベンチプレスやスクワットのような、切り返しから一気に力を出してパワー発揮をするシンプルな動きの種目が向いていると言えます。また初心者のうちは、できる種目とできない種目の差がかなりある方もみえると思うので、自分が感覚的に好きな種目を重量を伸ばしていくメインの種目として行うとよいかと思います。

そして、トレーニングの経験を積んで分割が増えていくと、その部位における種目数とセット数も自然と増えていきます。分割を増やすにつれて、1日あたりにその部位にかけるエネルギーや時間が増やせるので、種目数を増やし、より集中してその部位に刺激を与えることができるようになります。

一つの部位のトータルのセット数が同じ場合、例えば胸のトレーニングをトータルで20セット行うとします。この20セットの内訳としては、種目数が多いほうがよいのか、それとも種目数は抑えて1種目のセット数を増やしたほうがよいのか。こちらに対するアドバイスとしては、まずは部位によって考え方の違いがあります。「上腕二頭筋」や「胸」などは、一枚岩のようなイメージで筋肉が動くので、あまり種目数を増やさなくても、まんべんなく刺激を与えることができます。

逆に「肩」や「背中」などは、同じ部位の中でも動きによって使われていない部分も出てくるので、まんべんなく刺激を与えるには種目数が自ずと増えていきます。

その他に考慮すべき点は「トレーニング環境」になります。フリーウエイトしかないようなジムや自宅でトレーニングされている方は、種目のバリエーションがそこまで多くはないので、種目数は少なくせざるを得ません。種目数のバリエーションが作れない環境の方は、例えば同じ「スクワット」という種目でも、前半に重量をしっかりと伸ばすようなスクワット、後半に負荷を抜かずにしゃがんだ状態で一度止まり、立ち上がるときに膝を伸ばしきらずに、またすぐにしゃがんでいくなど、徹底して負荷を抜かないようにすることで、効かせる感覚やパンプ感を高めたトレーニングにすることができます。

種目選びのポイント

初心者のうちはトレーニングに興味を持ち始め、新鮮なのでいろいろな種目を行ってみたいものですが、「どこの筋肉を動かしているか分からない」「フォームがしっくりこない」という種目も多いかと思います。まずは自分なりに「この部位にはこの種目だと分かる」という種目を見つけると効果が出やすいかと思います。

私の若いころに例えると、脚はスクワット、背中はチンニング、胸はベンチプレス、肩はサイドレイズ、上腕二頭筋はバーベルカール、上腕三頭筋はトライセップスエクステンション、という感じでした。私の例を模倣する必要はありませんが、このように種目のバリエーションが少なくても、目的の筋肉に的確に刺激が入る種目を早い段階で見つけるとよいでしょう。

ここで注意したいのが、「好きな種目＝ベストな種目」かと言えば、必ずしもそうではない可能性があります。「この種目は何か楽だから好き」という理由で選んでしまうと、筋肉にしっかりと刺激が入っているのかという疑問が出てきます。トレーニングが終わったあとにしっかりと目的の筋肉にそれなりの疲労感があり、翌日以降に筋肉痛がくるのが理想です。

また、選択する種目はパワーをしっかりと発揮できる種目のほうがよいでしょう。一つの筋肉を丁寧なフォームでじっくり動かすというよりは、ある程度全身を使って目的の筋肉が大きなパワーを発揮できる種目がおすすめです。

重量設定（回数設定）について

1回だけ挙げられる重さを伸ばしたい、5回挙げられる重量を伸ばしたいなど、トレーニングの重量と回数の設定はその目的によって変化してきます。ボディメイクの場合は、少ない回数で3回から5回、多いと20から30回という設定まで幅広くなります。

一般的にトレーニングで「5回やりましょう」という場合、これは「5回だけ挙げればいい」ということではありません。「5回しか挙げられない」重さを5回行うということです。そして大切なのは、「5回しか挙げられない」重さが100kgだったとすると、それをこの先「6回」挙げられるようにする。もしくは「5回しか挙げられない」重さが100kgだったのが、102・5kg5回を挙げられるようにするなど、回数や重量を伸ばしていくことです。どんな回数域でトレーニングを行うにしても、これを意識してください

冒頭で、「初心者のうちは、まずは重たいものを持てるようになるトレーニングを実践していきましょう」と書きました。高回数で設定するよりも、低回数で設定したほうが重たいものが持てます。しかし、低回数で目標を設定する、例えば3、4回くらいしか持てない重さで重量を伸ばしていくような組み方は、初心者の方にはあまりおすすめしません。

8回しか挙げられない重さを9回に伸ばす場合と、3回しか挙げられない重さを4回に伸ばす場合とでは、乗り越える壁の高さが変わってきます。「3回しか挙げられない重さ」というのは、その人にとってはかなりの高重量になります。これを4回挙げられるようになるにはハードルが高くなります。また、無理に重たいものを持つとフォームが乱れたり、目的の部位の筋肉を動かせていなかかかったりといったことも起こりがちです。

逆に8回しか挙げられない重量を9回に伸ばすのは若干ハードルが下がります。初心者のうちは、とにかく「伸ばすこと」が重要です。少ない回数域ではなく、伸ばしやすい回数域で取

り組むのをおすすめします。

また、パワーをつけたいから低回数とか、効かせたいから高回数とか、「この回数でやらなければいけない」という固定概念を持つ必要はありません。よく「筋肥大には8回から12回くらいの回数域がよい」と言われますが、私はそういったことは考えたことがありません。「この回数をやらないと筋肥大しない」というわけではないので、「8回から12回」にこだわる必要はありません。基本としては、まずはどの種目も、伸ばしやすい回数域である「8回から10回」くらいを目安に始めてみると取り組みやすいかと思います。

重量、回数の伸ばし方

トレーニングの成長を止めないためにも、「前回よりも1kgでも重たいものを挙げる」「1回でも多く挙げる」という気持ちは、レベルを問わず常に持ち続けたいものです。

重量や回数の伸びしろは、初心者のうちほど多くあります。伸びしろが多いうちに、早く重量や回数を伸ばしていきたいものです。簡単に言えば、100kgを10回挙げることを目標にトレーニングして、それがクリアできたら次は102・5kgを10回、またそれがクリアできれば次は105kgを10回、という具合に地道に重量を伸ばしていきます。

ただこれも、伸び続けるわけではありません。壁に当たったら、工夫が必要になります。私のおすすめは、回数を決めて、ある一定の時期はその「決めた回数をできる重さ」をひたすらに伸ばしていく方法です。例えば、今日からベンチプレスで8回できる重さを徹底的に伸ばしていこう、という感じになります。80kgで8回を成功すれば82・5kgで8回を目標にします。82・5kgで8回が成功すれば、次の目標は85kgで8回になります。

例えば、85kgが7回で失敗したとしたら、次のトレーニングの際も85kgで8回を目標にして挑戦します。このような繰り返しで基本的には進めていくのですが、8回がなかなかできず、7回で記録が止まってしまう週が何回か続いたとします。その場合は、気持ちが弱気になってきて、あまり良い方向には進まないので、目標の8回を一旦はやめて、違う回数域を伸ばすようにします。例えば5回にしてみたり、10回にしてみたり、といった感じです。私の経験では、3週間止まったらそこが切り替えるタイミングとみて、回数域を変化させていました。

こうやって目標を決め、ある一定の期間に徹底してその重量を伸ばしていくことで、様々な回数域の重量が伸び、筋肉への刺激もマンネリ化せず、トレーニングを楽しめるかと思います。ただし、このトレーニングを行う場合、絶対に条件が変わらないことが大事です。フォームが変わってしまったり、可動域が小さくなってしまったりするのは避けたいです。

目標設定とルール（可動域）設定

筋肥大を目的にトレーニングしていく上で、「こういう身体になりたい」「腕周りを何センチにしたい」などの目標を持つことはとても大事です。ですが、その目標を達成するにあたり、日々のトレーニングでは「数字」で目標を立てることが明確な結果につながり、トレーニングの効果を把握するもっとも分かりやすい指標になります。

目標があるからこそ、自分の感覚で日々のトレーニングのレベルが左右されず、筋肥大への最短ルートができるはずです。私は若いころから常に、今できることの101%を目標にトレーニングをしてきました。日々のトレーニングでは前回よりも少し頑張れば達成できそうな目標を設定し、それを確実にクリアしていくことがおすすめです。

そうした目標を達成する上で、前項で「条件を変えずに目標を達成していく」と書きましたが、具体的にはスクワットの場合ですと、毎回しゃがむ深さを同じにするために、私はセーフティーバーをしゃがむ深さの基準に役立てました。

ぎりぎりの高さに設定したセーフティーバーに対して、必ずバーベルとセーフティーバーの間が指1本になるところまでしゃがみ、立ち上がるようにしました。この隙間が少ないほど動作の精度が高くなるので、分かりやすくするために、よりぎりぎりの高さにセーフティーバーを設定します。

またスクワットの場合は、しゃがむ深さ以外にも膝が内側に入ったり、前傾角度が崩れたりと、フォームが崩れやすい種目ですので、様々な注意が必要となります。初心者の方がパワーを伸ばす上では、レッグプレスなどのように上半身が固定され、脚だけで動作ができる種目もおすすめです。

慣れない種目を繰り返し行うと、だんだんとフォームが安定し、パワーを出すコツも日に日に身についていきます。ただこれは、実際に筋力が上がったというよりは、テクニックが身についた段階でもあります。万全な状態でパワーを発揮できるテクニックやフォームが身についたら、そこから先がリアルな筋力の伸びとなります。

ボリュームの考え方

初心者の方に大事にしていただきたいものの一つに「ボリューム」があります。「ボリューム」とは、1回あたりのトレーニングのセット数です。「『筋肉がつかない』のは必ず理由がある」の項では「強度」の重要性について解説しました。しかし、1セットの中で徹底的に追い込むというのは、初心者にとってはなかなか難しいものがあります。

1セットの中でしっかりと追い込めるのであれば、最低限のボリュームでもよいと思います。ただし、トレーニングをしている人たちの中で、1セットの中で自分の限界の力を出し切れる人はほとんどいないと思います。

人間は自分の限界の力を出し切れているつもりでも、なかなか出せないのが現実です。特に初心者の場合は、自分の限界を出し切るのはとても困難だと思います。近年は「そこまでボリュームは必要ないのではないか」という意見も聞かれますが、それはあくまで1セットの中で徹底的に追い込めることが大前提になります。1セットの強度がまださほど高くない間は、ある程度のボリュームは必要になってくるかと思います。

私が10代のころは、トレーニングをやればやるだけ筋肉がつくという感覚がありました。それこそ学生のころは1日に4時間とか5時間とか時間が許す限りトレーニングをし、「オーバーワーク」などは一切考えずに、やりたいトレーニングを自分が満足するまで行っていました。

これは社会人の方や、生活の中の一つの趣味としてトレーニングをされている方にとっては、あまり現実的な話ではないかもしれません。ただ、トレーニングを始めたての経験の浅いうちは、もっとも筋肉が発達しやすい時期ではあるので、その時期にトレーニングに多くのエネルギーや時間を割くことは無駄ではないかと思います。

具体的にどれだけのボリュームが必要かというのは、正解はありませんが、部位によってボリュームには特徴があります。例えば、「脚」のトレーニングのように心肺機能が酷使され、体力の消耗が激しい部位は自ずとセット数は減ります。一方で、「腕」や「胸」のトレーニングなどは、体感的な体力の消耗がそこまで高くはないので、ボリュームを増やすことも可能です。

そして、「背中」や「肩」のトレーニングは、目的の筋肉へのアプローチの仕方がそれぞれ違うため、まんべんなく刺激を与えるとなると、どうしても種目数が増え、ボリュームが増えることになります。

また、「トレーニング時間」というのは、ほとんどがインターバル時間の長さによるものです。トレーニング時間が長いからといって、ボリュームが多いとは限りません。

「なんとかもう1回挙げよう」という気持ちの中で、実際にトレーニングを行うことで「呼吸はこうしたほうがいい」「こういうリズムで動かしたほうがいい」などいろいろなテクニックや感覚に磨きがかかってきます。このような発見でトレーニングレベルが上がっていき、さらに楽しくなっていくことでしょう。

**前回よりも1kgでも重く、
前回よりも1回でも多く**

好きなことはつらさを乗り越えれば、さらに好きになる

いくら好きで取り組んでいることでも、突き詰めていけばいつかは伸び悩んだり、挫折したりといったつらい経験と直面することになるだろう。だが、それをも試行錯誤し壁を乗り越えれば、さらにそのことが好きになれるであろう

第2章

習得したい基本種目

スクワット

ターゲット部位 ▶大腿四頭筋、ハムストリング、臀部

動画はコチラ！

▶手幅を決めてから頭を入れる

まず手幅の決め方であるが、基本的には左右対称に保持できていればバーの中央に入ることができる。中央から左右の手が同じ位置になるように置く。私の場合は肩関節が硬いこともあり、やや広めのところに置いている

後ろに下がりすぎない

OK

NG

バーを担いでからしゃがむ位置までの移動（ステップバック）は無駄に後ろまで下がらない。ラックアップして半歩下がるくらいで十分

基本的な動作

上体の角度はしゃがんだときがもっとも倒れており、それ以上は倒さない。しゃがむ深さは可能ならば大腿部が床に平行になるまで。その深さを決めるまではゆっくりとしゃがみ、そこから一気に立ち上がる。しゃがむ前にしっかりと息を吸い、そのまましゃがみ、立ち上がったときに吐く

▶立ち上がり方について

上体は、そのままの角度を維持して立ち上がる

キツくなると腰から立ち上がりたくなるが、これはNG。上体の角度はそのままで

キツくなると膝を内側に絞って立ちたくなるが、それでは筋肉への負荷が減ってしまう。
基本的には膝はつま先の向きに開くようにして、しゃがんだ軌道でそのまま立ち上がる

▶目線について

OK

目線は動作中は一定に。私の場合は顔を少し上げ気味にして、鏡に映った自分の膝あたりに目線を固定する

NG

しゃがんだときに目線を下げすぎると、腰から立ち上がりやすくなってしまう

NG

目線を上げすぎると、腰を反り上げるような動作になってしまう

▶バーを担ぐ位置の違いについて

ローバー

バーを低い位置（肩の後ろ）で担ぐ「ローバー」。重心が低くなり上体がやや前傾し、股関節を動かしやすくなる。股関節と膝関節の両方がバランスよく動き、ハムストリングや臀部にも刺激が入りやすくなる。上体の前傾が入るため、腰への負荷が強くなる

ハイバー

バーを高い位置（肩の上）で担ぐハイバー。重心が高くなり上体を立てたまましゃがんでいく。膝関節の動きが大きくなり、大腿四頭筋に刺激が入りやすい。前傾角度が緩いので、ローバーに比べ腰への負荷が弱くなる

▶足幅について

広め

足幅は広めにすると、股関節周りの筋肉を意識しやすくなる

狭め

狭い足幅だと、大腿四頭筋を意識しやすくなる

▶セッティングについて

ラックの高さ

ラックの高さ（バーを置く高さ）は、少し膝を曲げてから立ち上がってバーを担ぐくらいの位置に設定する。私の場合は、肩よりも少し低い位置

NG

高い位置にセットしたNG例。スクワットで重たいものを担ぐと重心が低くなるため、ラックの位置が高いと背伸びをして戻さなくてはならなくなる

▶セーフティーバーの設定

OK

セーフティーバーは潰れたときの置き場であるが、私の場合はしゃがむ深さの基準にしている。しゃがむ深さに対しバーがぎりぎり当たらない高さに設定するのが理想

NG

セーフティーバーをあまりに低く設定すると、バーとセーフティーバーとの距離が大きくなり、毎レップのしゃがむ深さの判断があいまいになる

ラットプルダウン

ターゲット部位 ▶広背筋

動画はコチラ！

▶足のセッティング

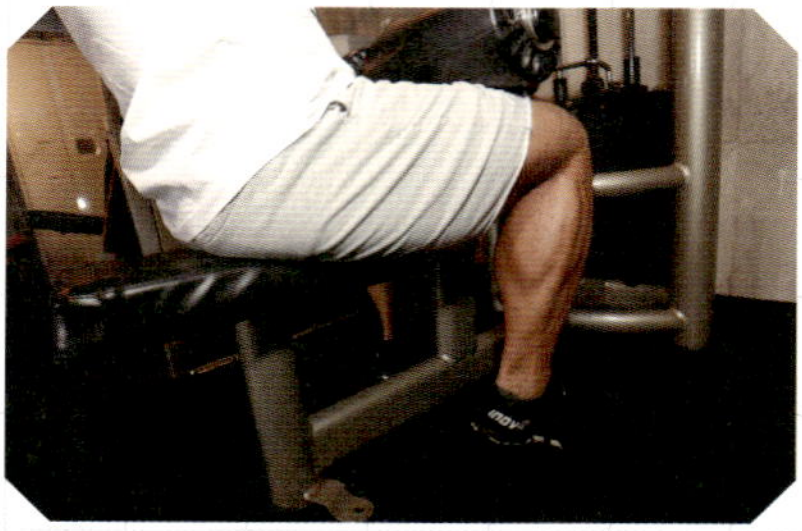

足をガチガチに固めてしまうと、パワーを発揮するための動きを行いづらくなるため、少し遊びができるくらいに設定。私の場合はカカトを軽く上げたときにロックがかかるくらいの位置

▶手幅の決め方

手幅の目安は、肘を引いたときにしっかりと背中の収縮が感じられる幅に。そこから肘を伸ばして背中をストレッチさせたところがバーを保持する手幅になる

OK

背中のストレッチ及び収縮をバランスよく行える手幅が理想

NG

手幅が広すぎるNG例。ストレッチ感も収縮感も弱くなる

基本的な動作

身体が起きた状態（床に対して垂直よりもやや倒れた状態）から、上体を後ろに倒す動きできっかけを作り、バーを胸に当たるまで引き切る。ネガティブではゆっくりと負荷を抜かずに、ストレッチを感じながら戻す

▶引き切るときの意識

上体を倒して、バーを胸で迎えにいくイメージで行う。「必ず胸にバーを当てる」という意識がパワー発揮を最大限にする。また、引き切ったときは一瞬で収縮を感じ、収縮で止めようとはしない

▶動作リズム

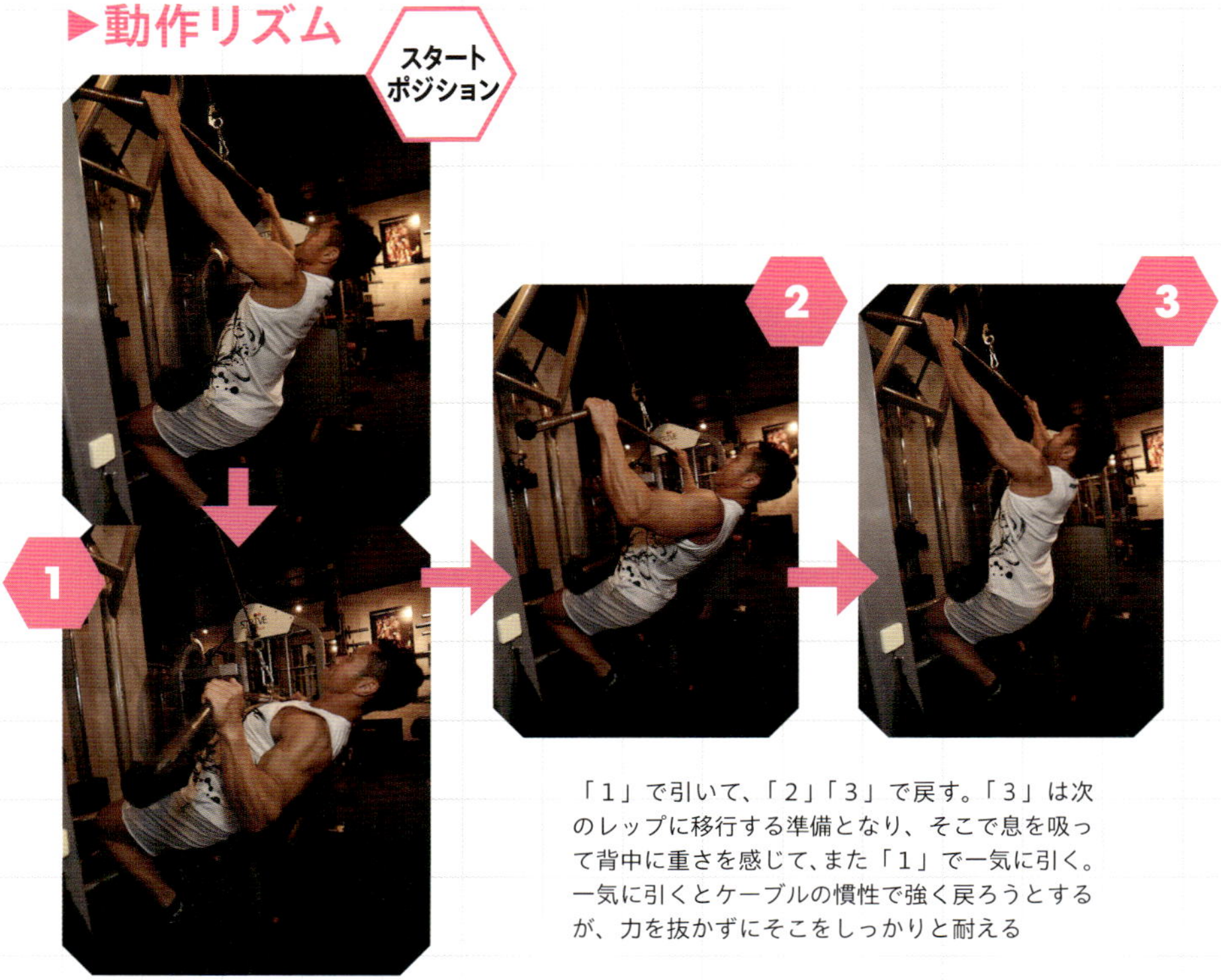

「1」で引いて、「2」「3」で戻す。「3」は次のレップに移行する準備となり、そこで息を吸って背中に重さを感じて、また「1」で一気に引く。一気に引くとケーブルの慣性で強く戻ろうとするが、力を抜かずにそこをしっかりと耐える

▶目線について

目でバーを追わず、ややアゴを上げて行う。広背筋狙いの場合、目でバーを追うと、背中の収縮が弱くなる

▶「丁寧な動作」の是非

反動を使わずに丁寧に動作を行おうとすると、パワーの発揮が弱くなり、トレーニング強度が落ちてしまう。また、広背筋を狙う場合、やや上体を倒して行うとよい。やや上体を倒し、しっかりとパワーを出す意識を持つ

▶アタッチメントについて

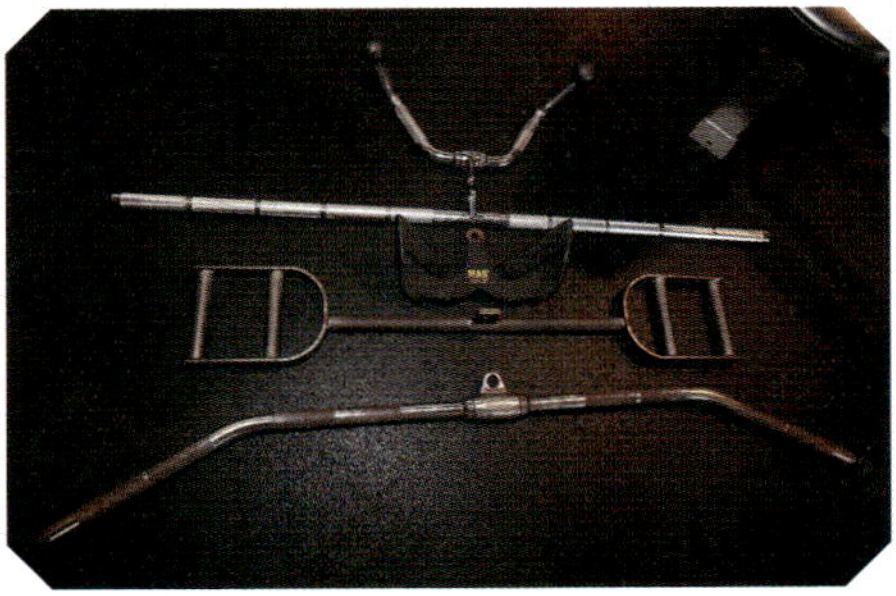

現在は様々な種類のアタッチメントがあるが、まずは基本的なバーでストラップを使ってしっかりと重さを持ち、引き切ることが重要。個人的にはパラレルグリップがおすすめ

ワイドスタンスデッドリフト

ターゲット部位 ▶ハムストリング、臀部、背中

動画はコチラ!

▶足幅

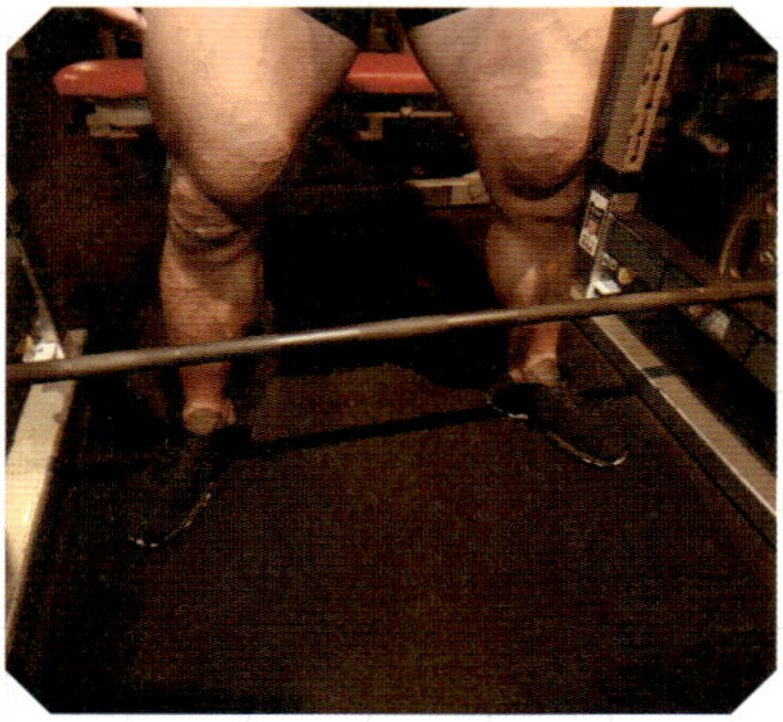

足幅についてはカカトが腰幅よりも少し広いくらいの位置。つま先は広めに開く。そうすることでお尻を締めやすくなる

▶手幅

手幅は肩幅よりも少し狭い程度に

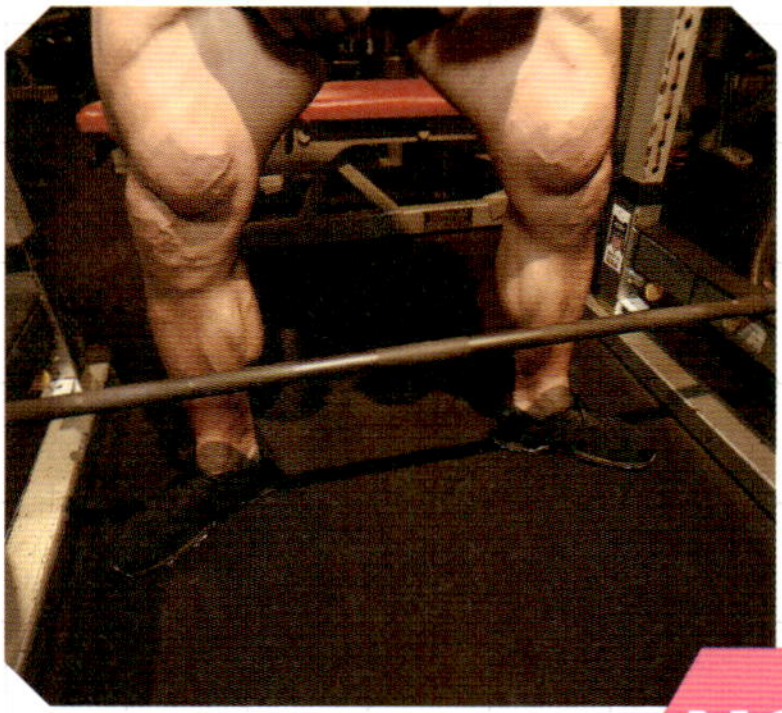

NG

つま先を広く開きすぎたNG例。ハムストリングを使いづらくなる

NG

つま先を前に揃えたNG例。お尻を使いづらくなる

スタートポジションの作り方

背中を丸めず胸を張った状態でバーを保持して、まずはグッと立ち上がる。
この立ち上がった状態がスタートポジション

正しい手幅の位置

手幅が狭いと背中の筋肉を動かしづらくなり、重たいものを持った際にバランスを取りづらくなる

基本的な動作

まず「お辞儀」をして、そこから「膝」を曲げる。重心を落とした状態で、お尻とハムストリングにしっかりとテンションをかけていく。動作としては「浅めのスクワット」を行うようなイメージ

▶動作リズム

立った状態からスタートし、セーフティーバーにバーが軽く当たったら、そこで切り返して挙げるというリズムで行うとパワーを発揮しやすい。トップポジションから「1」「2」の2拍子で下ろし、「3」で一気に立ち上がる

▶下ろすときの上体について

NG

下ろすときに上体を立たせすぎると、膝が前に出てしまう。これはＮＧ

NG

つま先を前に揃えたNG例。お尻を使いづらくなる

▶デッドリフトの必需品

パワーベルト

パワーグリップ

デッドリフトではバーを保持する際の握力、また体幹も強く使われるためパワーベルトやパワーグリップなどのギアは必須。写真はジュラシック木澤監修のオリジナルギア「JURASSIC GEAR」より

ベンチプレス（スミスマシン）

ターゲット部位 ▶大胸筋

動画はコチラ！

基本的な動作

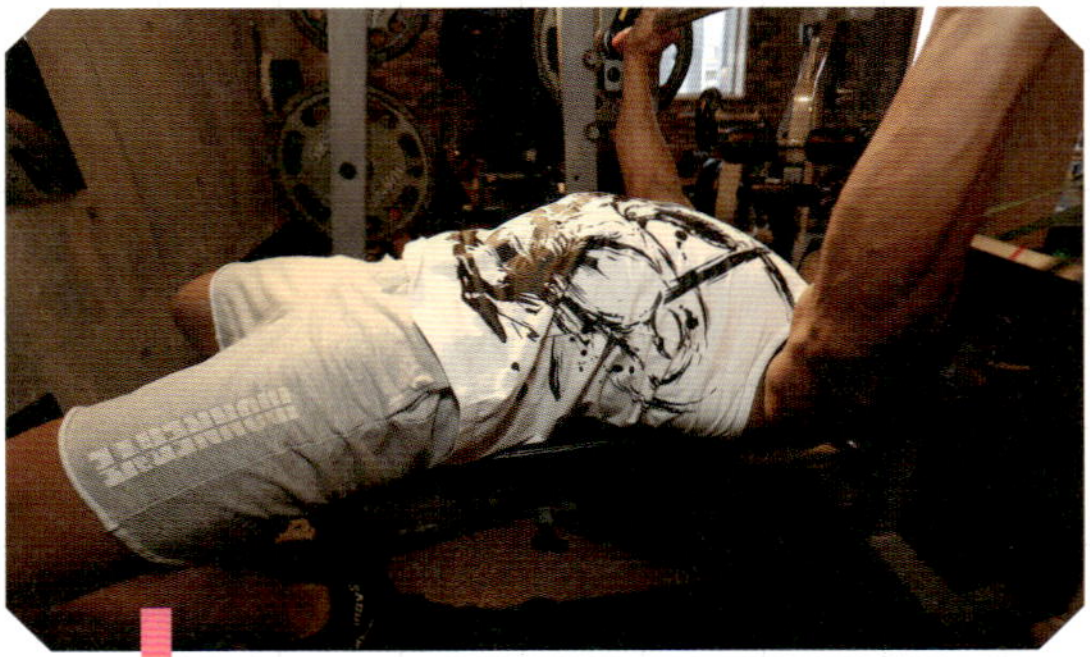

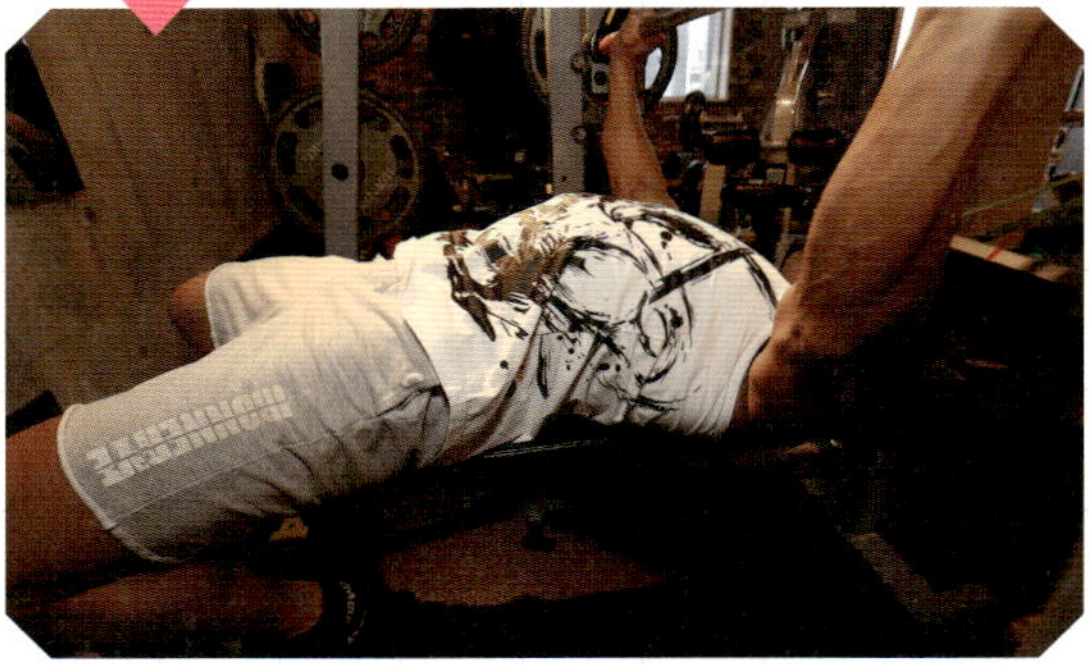

基本的な動作はスミスマシンでも一般的なフラットベンチプレスでも同様。フラットベンチに仰向けに寝て、しっかりと踏ん張った状態で「ブリッジ」を組む。お尻を軽く浮かせてしっかりと締め、足と肩甲骨の2点、プラスお尻で支えるようなイメージ。肩甲骨をしっかりと寄せ、さらに肩甲骨とお尻の距離を縮めることで、より大胸筋にストレッチがかかるようになる。その状態を崩さずにバーを押し切る

▶「ブリッジ」を組む

「ブリッジ」はしっかりと組む。パワーリフティングの試合ではないのでお尻を浮かせてもOKだが、柔軟性によっては浮きすぎてしまう方もいるので誤解のないように。まずはブリッジを組むことで最大限にパワー発揮を行う。下半身を固めることで最大限のパワー発揮と、胸へのストレッチ感が増す

▶下ろすときの意識

下ろすときは胸の中央からバーを迎えにいくようなイメージで。下ろしながら大胸筋にストレッチをかけていく

首を振らない！

ベンチプレスでもっとも多いNG例の一つが「挙げるときに首を振る」。首を振ったところで挙げられるようにはならず、動作も不安定になる。動作中、目線は変えない

スミスマシンでの注意点

スミスマシンでベンチプレスを行う際に注意したいのが「潰れたときにどうするか」。バーベルの場合はお腹の方向に転がすなどして脱出できる可能性があるが、スミスマシンではそれができない。セーフティーバーの高さやベンチ台の位置など、セットに入る前に潰れたときに脱出できるように入念なセッティングをすることが重要

ブリッジが組めない人は……

身体の柔軟性などの問題でブリッジがしっかりと組めない人は、インクラインベンチ台を使って台に軽く角度をつける

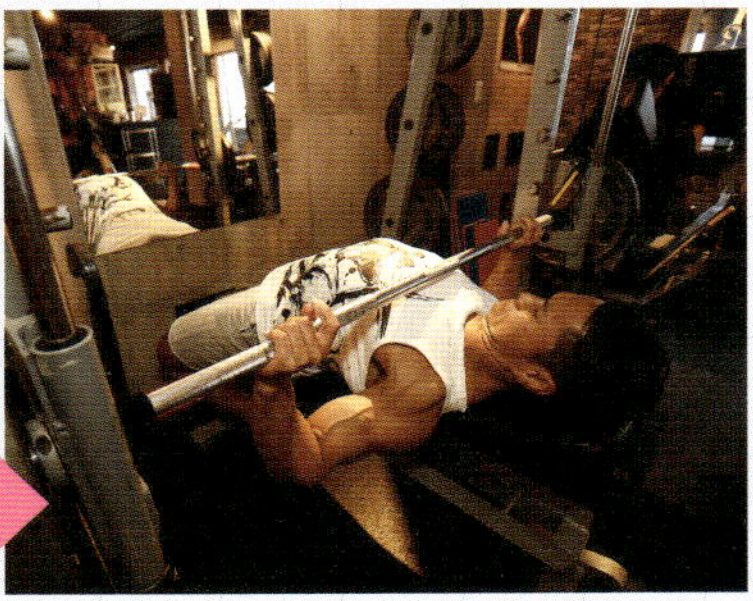

台に軽く角度をつけることで頭の位置が高くなり、足が置きやすく、ブリッジを組みやすくなる

サイドレイズ

ターゲット部位 ▶三角筋（中央部）

動画はコチラ！

▶脚を使っていく！

「サイドレイズ」と言えば肩関節だけを動かして丁寧に行う人も多いが、それではパワー発揮ができない。しっかりとパワーを発揮するよう、脚を使って動作を行う。膝を曲げた状態から上に伸び上がりながら、両腕を上げていく

▶足幅について

足幅は狭めにする。私の場合、両足の間は足一足分ほど。つま先は前を向ける

足幅が広すぎるNG例。足幅が広いと脚を使いづらくなる

つま先が外に開いたNG例。上体が起きやすくなり、肩から負荷が抜けやすくなる

身体が起き上がってしまったNG例。胸の向きが正面になってしまっているが、少し下向きのままの体勢を保持するように。脚を使って身体の上下動は使うが、上体の前傾が起き上がるような動きは避ける

基本的な動作

パワーを発揮するために脚をしっかり使う。ボトムポジションで膝が前に出ないように上体をやや前傾し、軽く膝を曲げる。ここからやや上に床を蹴り上げながら、上体の角度は変えないように上下動を使い、ダンベルを横に広げる

▶手の向きについて

手の向きは、ダンベルを挙げたときに手の甲が真上を向くように

小指から挙げる方も多いが、そこまで過剰に意識する必要はない。本来狙いたい三角筋中央部より、やや後部に逃げやすくなる

親指が上を向くと、三角筋前部に入りやすくなる

手首を反らせないように。前腕に力が入り、肘が下がる

▶背中は広げる

背中は少し開いた状態で。胸を張ると肩甲骨が寄り、
僧帽筋に力が入りやすくなってしまう

▶スタートポジションについて

ダンベルを身体からやや離した位置でキープする。さらにダンベルよりもやや外側に肘を保持することで、三角筋中央部により重さがのる。この状態を作ってから動作を始める

ダンベルが足に近い位置では肩に負荷がかかっていない。ここまで戻すと、肩から力が抜けてしまう。脱力した位置から振り上げると三角筋ではなく僧帽筋に入りやすくなる

バーベルカール

ターゲット部位 ▶ 上腕二頭筋

動画はコチラ！

手幅について

広い場合　　狭い場合

ストレートバーやEZバーなどバーベルにも種類があるが、上腕二頭筋は親指、人差し指に力がのる感覚がよい。また、自然な手首の角度で握れるので、EZバーがおすすめ。握る位置は狭いほうでもいいが、基本的にはスタンディングで行う強度の高い種目なので、より力を発揮しやすい広いグリップがおすすめ

▶フリーウエイトの盲点

バーベルカールで上腕二頭筋にもっとも重さがかかるのは前腕が床に対して平行になる位置。肘を曲げた局面をメインに収縮を強く意識して行う方も多いが、この位置では負荷は緩い

基本的な動作

バーベルカールは胸でいうとベンチプレス、脚でいうとスクワットのような、パワーを伸ばしていきたい種目。バーベルをスタートポジションで完全に保持した状態から振り上げると背中や僧帽筋を使いやすくなるので、軽く肘を曲げ、手首の掌屈（軽く巻き込む）の動きを入れてからスタートする

▶下ろすときの意識

ネガティブでは負荷を感じながら下ろしていく。また、動作では「下ろす」→「すぐに挙げる」という連続動作になると身体を振って挙げることになってしまう。下ろしたところでは動きを止めて負荷を受け止め、そこから「お辞儀」の動作をしてから一気に振り上げ、そして負荷を感じながら下ろして……と、連続動作にならないようスタートポジジョンで一旦動作をリセットしながら行う

OK

NG

上腕二頭筋に重さを感じて、そのまま肘を伸ばしていくと、切り返しの際の力発揮が難しくなる。肘は伸ばし切らないように

▶挙げるときの意識

OK

軽く肘を曲げ、手首の掌屈（軽く巻き込む）の動きを入れてからスタート。リズムとしては「1」で一気にバーベルを振り上げ、「2」「3」で戻す。ベルトを締めて腹圧をしっかりとかけ、挙げる前に息をしっかりと吸い、体幹がぶれないように心掛けよう

NG

肘を伸ばし切って脱力した状態から振り上げると、重量は持てても上腕二頭筋にはあまり負荷がかからない

トライセップスエクステンション

動画はコチラ！

ターゲット部位 ▶上腕三頭筋

下ろす位置の違いについて

タイプ1
額の前まで下ろした場合。いわゆる「スカルククラッシャー」

タイプ2
頭頂部まで下ろした場合。手の甲がベンチ台の端に触れる

タイプ3
後頭部まで下ろした場合。肩関節がもっとも動く

この３つのタイプの違いは肩関節の動き。タイプ１→２→３の順で肩関節の動きが大きくなり、それに伴って上腕三頭筋の長頭のストレッチが強くなる。この３タイプとも上腕三頭筋の種目として間違いではないが、トライセップスエクステンションは肘を痛めやすい種目でもある。私の経験上、もっとも痛めやすいのはタイプ１のため、ここではタイプ２とタイプ３を推奨したい

基本的な動作：タイプ2

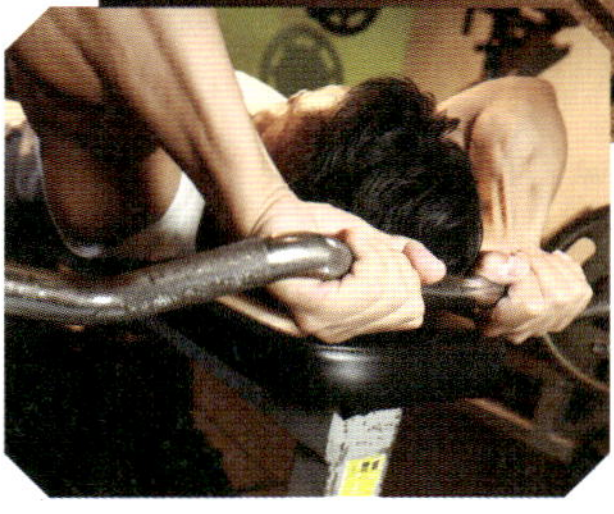

バーを頭頂部のあたりまで下ろし、手の甲がベンチ台の端に触れたところで切り返す。軽くベンチ台に当ててからリズムよく切り返すことで肘への負担が軽減される。バウンドはさせない

基本的な動作：タイプ3

後頭部をベンチ台から出す。肘を曲げたときに軽くアゴを引き、逆に肘を伸ばしたときは軽くアゴを上げる。ストレッチのときにお尻が浮いてしまうと上腕三頭筋へのテンションが弱まるので気をつけよう

ベンチ台に足をのせると

足を床につけて行うと、バーを下ろしたストレッチの状態のときに重さがかかりやすくなる。写真のように両足をベンチ台にのせてブリッジをして行うと、ストレッチでの負荷が少し弱まる反面、パワーの発揮が強くなる

▶バーの持ち方

バーは親指と人差し指の間の部分で保持する。ここにのせることで上腕三頭筋のトレーニングの基本である猫手の動きが自然にできる

▶手首のスナップ

ストレッチの際は猫手。そこからスナップを使って肘を伸ばしたときに押し込むように。手首の動きとしては「掌屈」（猫手）から「背屈」（手首を返す）で押し込む

アブクランチ１

ターゲット部位 ▶腹筋

動画はコチラ！

基本的な動作

軽く膝を曲げて両脚を壁などに置く。両手を後頭部におき、スタートでは両肘を開き、ややアゴを上げる。息をゆっくりと吐きながらアゴを引いて腹筋の上のほうから丸めていき、同時に肘を閉じていく。腹筋が収縮しきったところで吐き切り、吸いながら戻していく

ポイント

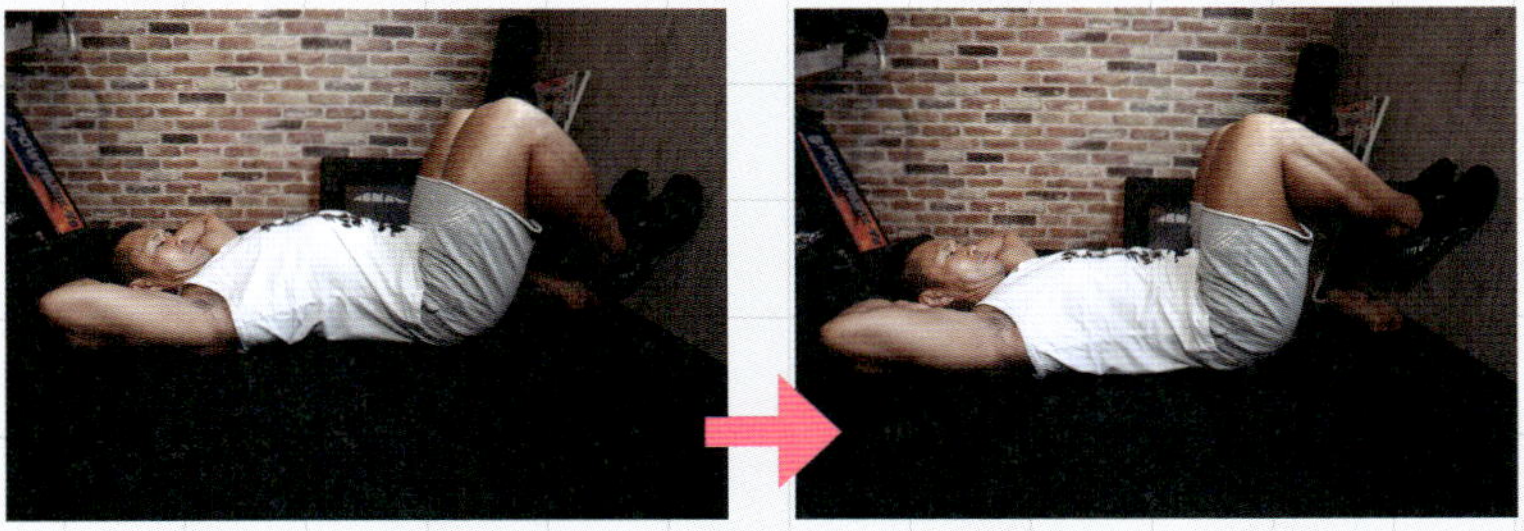

骨盤を後傾させ少し腰を丸めた状態で行う。そうすることで、
腹筋の下部のほうの収縮も意識しやすくなる

▶「起こす」ではなく「丸める」

腹筋の種目は基本的には「身体を起こす」のではなく「丸める」イメージで
行う。上体が丸まり腹筋が収縮しきったところがフィニッシュ

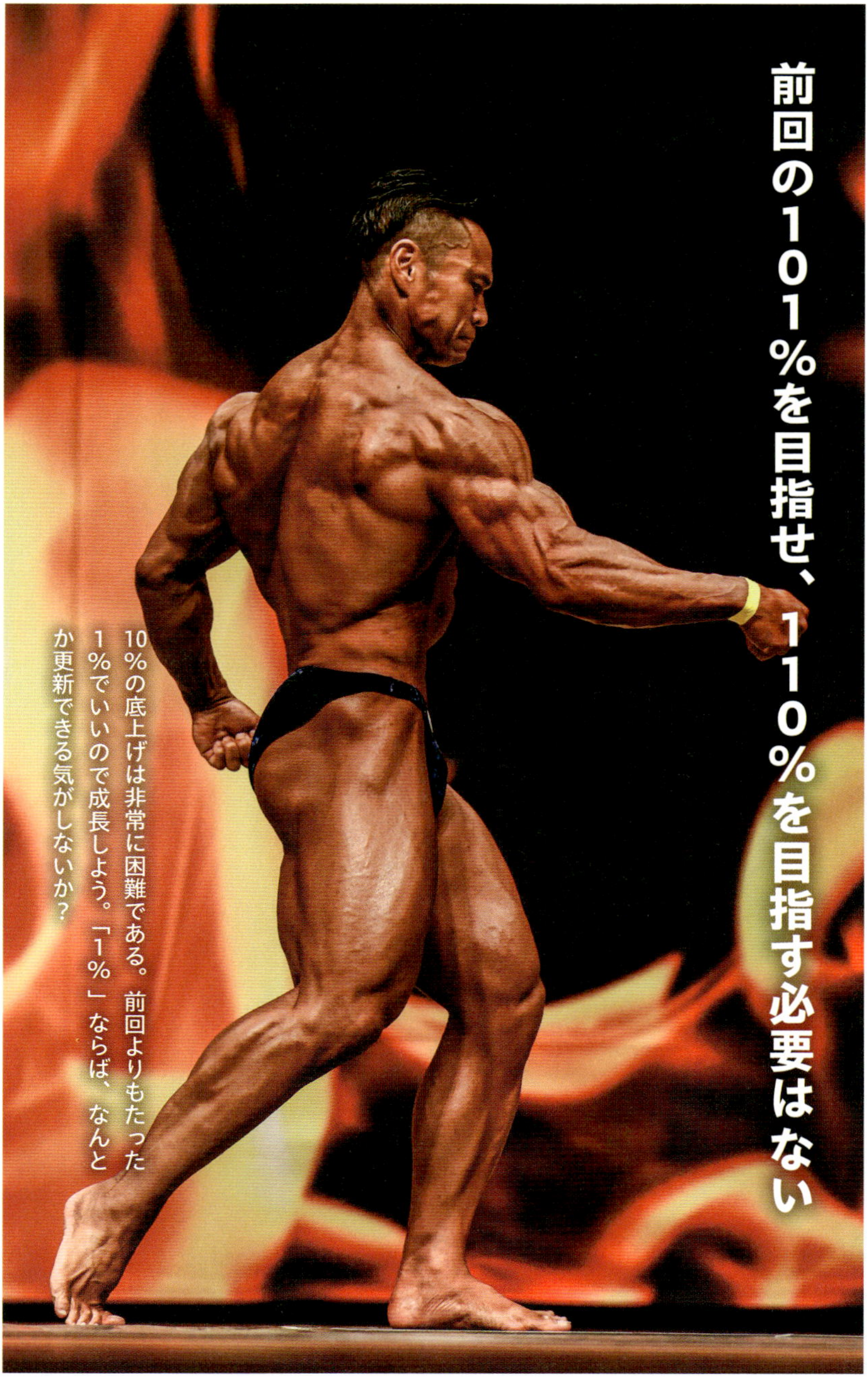

前回の101%を目指せ、110%を目指す必要はない

10%の底上げは非常に困難である。前回よりもたった1%でいいので成長しよう。「1%」ならば、なんとか更新できる気がしないか？

第3章

トレーニング実践術

「強度」を上げるために

筋肉がつかない大きな原因として「トレーニング強度の不足」があります。この「トレーニング強度」とは、トレーニングにおける筋肉へダメージですが、言葉の響きからくるイメージで「トレーニング強度＝ハードなトレーニングする」ことだと思われるかもしれません。

それは間違いではありません。ただし、考えていただきたいのは「何がハードか」というところです。インターバル時間を短くして心肺機能を酷使しながらトレーニングを進めていくことが「ハード」なのかと言うと少々違います。もちろん「1セットの中でしっかりと筋肉を追い込む」ことができていて、インターバルが短いのであれば問題ありません。しかし、インターバル時間を短くしすぎてしまい、1セットの中で筋肉を限界まで追い込むことができないのであれば「トレーニング強度が高い」とは言えません。

身体にとってキツいという感覚と筋肉にとってキツいという感覚には違いがあります。筋肉を大きくしたいのであれば、筋肉にとってハードなトレーニングを目指しましょう。

また、トレーニングにおいて「追い込む」と言う言葉をよく耳にすることがあるかと思います。「追い込む」というのは、簡単に言えば、筋肉が動かなくなる限界の状況まで持っていくことです。8回を挙げるのが限界の重さでトレーニングをするのならば、それを8回行えば追い込めているはずです。追い込むからといって限界以上のことができるようになるわけではありません。あまり「追い込む」という言葉に惑わされず、常に自分のできる範囲の限界を出し切ることを習慣にすれば良いだけです。

トレーニングの場合、設定重量によって限界となる回数は大きく変わってきます。先に述べたように、8回しかできない重さなど、ある程度の重量を持つトレーニングの場合は、できないものはできないという明確なゴールが分かりやすくなります。

一方で、重量がある程度軽くなり、回数が多くなるトレーニングの場合、追い込むという感覚に個人差が出る傾向にあります。体力的な差やメンタルの差があらわれます。簡単に言えば、人によって限界と感じるレベルに乖離が生まれてくるということです。

中重量や低重量のトレーニングは、痛みに強い方、我慢強い方は初心者のうちから筋肉をかなり限界近くまで追い込むことができるかもしれません。しかし、たいていの場合、そうはいきません。経験を積む中で痛みやつらさに強くなり、徐々に筋肉の限界を目指していけばよいでしょう。

ただ、初心者のうちは、この「追い込む」感覚がなかなか掴めないかもしれません。私がトレーニングを始めたばかりのころは、2つの方法を駆使して、限界を目指していました。

一つ目はレストポーズと言われる方法です。これは1セットの中で、連続した動きを一度止め、筋肉の痛みや呼吸の乱れを整え、数秒の休みを挟んでさらに動作を続ける方法です。これは種目によっては一度だけではなく、2回3回と小休止を挟む場合もあります。

もう一つは、ドロップセットという方法です。これは反復ができなくなったら一度動きを止め、重量を落とし、すぐにまた反復を重ねる方法です。例えると、ベンチプレスであれば

トレーニングでは
常に自分のできる範囲の限界を出し切る！

100kgを5回挙上できるとしたら、一度バーをラックに戻し、すぐに80kgに重量を下げ、限界まで回数を重ね、80kgが限界を迎えたら、ふたたびラックに戻して60kgに重量を落とし、限界までさらに動かし続けるという方法です。落す重量の幅には明確なルールがあるわけではないですが、あまりにも落とす幅が少ないと、反復回数が稼げないので、私の場合は3回以上は反復できる落とし幅にすることが多いです。

このようにレストポーズやドロップセットを使って、1セットの中でできる限り限界を目指すことで、おのずと筋肉を限界まで動かす感覚が身につき、トレーニング効果が上がるでしょう。自分の精神的限界と、筋肉の限界には乖離があり、筋肉の限界を体験するのはなかなか難しいものです。安定してすべての種目で筋肉の限界までトレーニングできるようになることが、筋発達への最短ルートと言えるでしょう。

「正しいフォーム」などない

トレーニングフォームに関して、よく「正しいフォームで行いましょう」と言われることがあります。トレーニング系の書籍、ＳＮＳなどでも様々な種目でそれぞれのフォームを解説しているものがあります。

しかし、「これが絶対だ」という正しいフォームはありません。何をもって正しいフォームというのか。私は、それは「筋肉が成長する」、あとは「怪我をしない」、この両立ができているフォームだと思っています。筋発達はするが、頻繁に怪我をしてしまう。もしくは、怪我はしないが筋肉も発達しない。これはいわゆる「正しいフォーム」とは言えないと思います。

高重量VS中重量　高重量VS低重量

高重量でのトレーニングは、ハードでキツいというイメージを持っている方が多いと思います。でも、実際はどうでしょうか。私の感覚では、高重量トレーニングよりも、中重量や低重量のほうがキツくてハードだと感じることが多々あります。

例えば高重量トレーニングは限界が分かりやすく、頑張ったからといって5回が限界の重さを6回7回と、その場ですぐに回数を増やすことは不可能に近いです。

しかし、中重量や低重量トレーニングは、呼吸の乱れや筋肉のパンプ感からくる痛みによって左右され、追い込むという部分で個人差がとても出ます。そう考えると、限界が明確ではない中重量・低重量トレーニングのほうが、メンタルの部分が強くなると追い込む度合いが増え、とてもキツいトレーニングになるはずです。

ただ、高重量トレーニングが、メンタル面に左右されないかというと、そうではありません。高重量トレーニングには恐怖感や緊張感があり、1回1回に対する集中力によって差が出やすくなります。陸上競技に例えれば、高重量トレーニングは100m走のようなイメージです。中重量・低重量トレーニングは400m走や800m走と言えば分かりやすいかもしれません。

筋肥大のトレーニングにおいて、私の経験としては中重量トレーニングがもっとも重要ではないかと思います。ある程度の重さを持ち、ある程度の回数を重ねることで、もっとも筋肉が酷使され、筋肥大へとつながります。

この中重量トレーニングを、いかにより重たい重さでより回数を重ねるか、これが永遠のテーマになります。中重量トレーニングでより重たいもので行うために、高重量トレーニングがあります。高重量トレーニングは車で言えば大きなエンジンを作るようなイメージになります。大きなエンジンを作り、馬力を上げることで、中重量・低重量トレーニングでよりパワフルな強度の高いトレーニングが可能となります。

高重量トレーニング、中重量トレーニング、低重量トレーニングのバランスとしては、1日のトレーニングの中で、バランスよく行うことをおすすめします。トレーニング開始後の1種目め、2種目めがその日のトレーニングの中で一番パワーを発揮しやすい状態にあります。ここでは高重量トレーニングが向いていると言えます。後半に向けて疲労が蓄積されてくるので、3種目め以降は中重量・低重量トレーニングを取り入れ、1日の流れを作るのがよいかと思います。

私自身もそうですが、「重量」と「効かせる」という2つに要素の割合は自然に決まってきます（図1）。重量を伸ばすトレーニングは、あまり効きはよくありません。逆に、効かせるトレーニングは重量が伸びにくいと言えます。

マシンVSフリーウエイト

ひと昔前と比べ、街のいたるところに24時間ジムができ、トレーニング環境がここ数年で劇的に良くなってきました。大きなジムにいけば様々なマシンが並んでいます。実際にマシンとダンベルやバーベルなどのフリーウエイトではどちらを選択すればいいのか、と悩まれている方も多いでしょう。

図1　1日のトレーニングプログラムのイメージ

	第1種目	第2種目	第3種目	第4種目	第5種目	第6種目
重量	◎	◎	○	○	△	△
効かせる	△	△	○	○	◎	◎

※「重量を伸ばすトレーニング」から後半に向けて
「効かせるトレーニング」に次第にシフト。
※重量を伸ばすトレーニングの回数域…5~10 回
※効かせるトレーニングの回数域…12~20 回

マシンとフリーウエイトを両立し、よりレベルの高いトレーニングを目指せ

今はマシンが豊富にある時代となり、その答えを出す必要がないように思います。ひと昔前はフリーウエイトしかないジムが多々ありましたが、現在はフリーウエイトもマシンも充実した設備が多いので、そのいいとこ取りをすればよいのではないでしょうか。

フリーウエイトの種目は、マシンがない時代に鉛直方法にしか働かない重量を利用し、いかに対象筋に負荷をかけるかというところから生まれました。そのため、トレーニングをしたい対象筋を動かすために全身の筋肉の連動を使い動作をする場面が多くなります。

これは良く言えば全身の筋肉をたくさん動員し、身体全体の機能の向上やパワーアップにつながります。悪く言えば、対象筋以外の筋肉も疲労し、フォームを崩さずに対象筋をしっかりと追い込むことが難しくなります。非常にテクニックがいりますが、これができるようになることでトレーニングの幅が広がり、トレーニングレベルが各段に上がるでしょう。

一方で、マシントレーニングはフリーウエイトに比べ、対象筋に無駄なく刺激を入れることができます。これはフォームを保持しやすく、また負荷が抜ける場目が少ないというところからきています。動作が円軌道の場合、フリーウエイトでは負荷がかからない部分が必ず発生しますが、マシンでは負荷が抜けないトレーニングをすることが可能となります。

特に収縮を意識するトレーニングでは、マシントレーニングはかなり有効となります。マシンとフリーウエイトをうまく両立し、よりレベルの高いトレーニングを目指すべきだと考えます。

マシンの活用法

フリーウエイトもマシンも充実しているジムならば、それぞれの特性を把握した上で種目を選んでいきましょう。今は様々なマシンがジムに置かれるようになりました。ひと昔前は「まずは基本のフリーウエイト種目を」といったことがよく言われていましたが、トレーニングの環境が大きく進化した現在、昔のように無理にフリーウエイトにこだわる必要はないのではないかというのが私の感覚です。

特に脚や背中のフリーウエイト種目はフォームを体得するのに時間を要するものが多く、初心者の方がそれをマスターするにはかなり時間がかかる場合があります。そのような部位にはマシンを利用し、まずはターゲットとする筋肉に的確に刺激を入れて、感覚を養うのもおすすめです。

私は特に「脚と背中はマシンありき」とよく言います。私自身は初心者のころはバーベルスクワットをメインにして脚を作ってきました。スクワットの場合、担いで前傾動作を入れるため、腰にかなりの負担がかかります。そのころを思い出すと、脚のトレーニングなのに腰の疲労との闘いでもあった記憶があります。

当時は、レッグプレスやハックスクワットのマシンなどないジムでトレーニングをしていたので、最善の選択肢としてはスクワット一択でした。もし私が今この時代から脚トレを始めるのであれば、スクワットのみではなく、45度レッグプレスやハックスクワットなどをメインにして種目を構成するでしょう。

背中に関しても、ロウイングやプルダウンのマシンが何もないジムだったので、ひたすらチンニングをしていた記憶があります。特に背中のフリーウエイト種目は、ベントオーバーロウイングに代表されるように、前傾姿勢を保持しながら、さらに背中の筋肉を意識する必要があります。このフォームを維持するには脚から腰にかけての安定性が要求され、この安定性がなければトレーニングとして成り立たなくなってしまいます。

このように脚や背中のフリーウエイト種目は体得するのがとても難しいです。またフリーウエイト種目でのバリエーションも少ない部位ですので、マシンを積極的に取り入れてトレーニングをしていくことをおすすめします。

ただし、フリーウエイト種目が不要と言っているわけではありません。ヘビーなスクワットや、安定したフォームでのベントオーバーローウイングができるようになることは、トレーニングの最終目標であると言えます。

その最終目標にたどり着くのも大切ですが、そこだけにこだわると遠回りにもなりかねません。フリーウエイト種目を体得するのは大事なことではありますが、トレーニング環境が進化した「今」という時代の恩恵をしっかりと活用していったほうが賢い選択と言えると思います。

そして、マシントレーニングをする上で、とても重要となるのが「セッティング」です。軌道が決まっているマシンに対しては、自分の身体をその軌道に合わせて動作する必要があります。軌道が決まっていることで、安定して刺激を入れやすい半面、セッティングがうまくいかないと「軌道が決まっている」という自由のなさが裏目に出てしまいます。

様々なセッティングを試し、自分なりのセッティングをみつけたら、「シートは○段目」「パットは○段目」とメモをし、毎回同じセッティングになるようにしましょう。まずは大まかなセッティングはジムのトレーナーに相談し、それをベースに細かな自分なりのセッティングを見つけることをおすすめします。一つ上のテクニックとして、マシンに慣れてきたらアレンジを加えるなど、オリジナルの使い方をするなどのアイデアを生かしていくのもおもしろいかもしれません。

マシンは的確に目的の筋肉に刺激が入るように設定されているものの、それはあくまで「手段」です。「目的」はターゲットの筋肉をしっかりと動かすことになります。この感覚はフリーウエイト種目をやり込むことにより、養える感覚でもあります。フリーウエイト種目が上達すれば、自然とマシントレーニングのレベルも上がるはずです。

先ほど述べた「脚」「背中」以外の部位、「胸」「肩」「腕」に関してはフリーウエイト種目中心のメニューでも、むらなく刺激を与えられると思います。ですから自宅でも、それらの部位はバーベルやダンベルでジムでのトレーニングと遜色のないトレーニングができます。

呼吸とリズム

トレーニング中の呼吸について正解はありませんが、私の経験上、ベストな方法をアドバイスさせていただきます。目的に最適な呼吸法を意識することでトレーニングレベルが上がります。「呼吸」は、もっとも基本的なテクニックと言えるでしょう。

まず、パワーを最大限に出す場合は、パワーを出す前にしっかりと息を吸い込んだ状態を作ります。例えば、ベンチプレスで言えばラックアップをしてスタートポジションにバーを持っていき、肘を伸ばした状態がスタートになるかと思います。このポジションで大きく息を吸い込んで、バーを下ろし、押し上げるまでの1回の動作を無呼吸で行う方法と、息を吸いながらバーを下ろし、バーが下り切るときに胸にもっとも呼吸が入った状態を作る、この2つの方法があります。

このどちらかは、自分がもっともパワーを発揮しやすいほうを選択すればよいかと思います。ボトムからの切り返しで一番パワーを出す場面で、入れた呼吸が抜けてしまわないように気をつけましょう。

ベンチプレスに限らず、どのような種目でも、基本的にパワーを出す前に「しっかりと呼吸が入った状態」を作るのがよいでしょう。さほど重量が重たくないうちは、もっともパワー発揮をする場面で呼吸が漏れても潰れることはありません。しかし、重量が上がってくると、呼吸が漏れることでパワーがダウンすることに気づくはずです。

他には、動作中にストレッチを意識する種目の場合、「ストレッチをかけながら息を吸う」というイメージで行うと、より筋肉が伸びる感覚が分かりやすいかと思います。逆に収縮を強く意識する種目においては、「筋肉を収縮している間に呼吸を止める」と、より収縮感を感じることができます。

どのトレーニングにおいても、慣れてくればベストな呼吸が無意識でできるようになってきます。基本的には、1回の挙上の中で呼吸を2回することはありません。呼吸が乱れて、吸ったり吐いたりを繰り返しながら1レップを行うような場合は、1度動きを止めて、呼吸をリセットすべきです。

そして、私がトレーニングの中で呼吸と同じくらい大切にしているのが「リズム」です。リズムとは「1レップの中でのリズム」もありますし、「レップとレップの間のリズム」もあり、どちらも大事になってきます。

1レップの中でのリズムの基本は「3拍子」を意識しています。「1」「2」で下ろし、「3」で立ち上がるイメージです。これが2拍子で動作をしてしまうと、下ろすスピードが速

トレーニングノートは目標を立てるためにつけるもの。思い出に浸るための日記ではない

すぎて、筋肉に重さがのらない、深さが安定しない、重心が安定しないなど、明らかにトレーニングの質が低下します。常に頭の中で3拍子のリズムを刻みながら動作をすると、とても感覚がよくなるはずです。私は30年以上トレーニングしてきましたが、今でもトレーニング中はこのリズムを一番意識しています。

1レップの中のリズムができるようになったら、レップとレップの間のリズムも意識するとよいでしょう。「3拍子」と「3拍子」の間の時間を一定にすることで、パワーの発揮や効いている感覚も向上してきます。例えば、3拍子で1回挙げ、次のレップに移るまでの間に大きく息を吸ったら必ず下ろしていくということを意識すれば、自然とレップとレップの間の時間が安定してきます。

私の場合、3拍子を意識していますが、収

縮感を強く出す種目に関しては4拍子にしています。収縮のところで2拍カウントして行う感じです。リズムを一定にすることで、無駄なく短時間で筋肉を動かすことができ、トレーニング強度が高くなります。

特に後半に向けキツくなってくる場面では、ネガティブ動作を早く抜いてしまいがちです。ネガティブのスピードで2拍子を徹底して守ることで、刺激が各段に上がります。呼吸とリズムを自分のものにし、精密機械のように同じリズムを意識して動作を行うことで、最高のトレーニングができるようになります。

インターバルの長さについて

トレーニング強度は、筋肉に対していかに強い刺激を入れられるかというところが大事になってきます。1セットの中で限界まで筋肉を追い込む、そしてさらにインターバル時間を短くし、短時間で筋肉をオールアウトできれば理想的なトレーニングになります。

トレーニングの最終目標は、いかに重たいものをいかに回数をこなし、いかに効かせ、いかに短いインターバルで行うか。これを目指せば、最強の身体を手に入れられるはずです。

しかし、現実にはそうはいきません。インターバルに関して言えば、短いインターバルを目指すことはよいのですが、短すぎてしまうと、次のセットでできるトレーニングのレベルがガクンと落ちてしまいます。インターバルを短くしていくには、まずは1セットの中で全力を出し切ることができるインターバルの長さからスタートし、そのレベルを落とさないよう徐々にインターバルを短くしていくことをおすすめします。

初心者のころからインターバルを詰める習慣をつけてしまうと、気がつかないうちに「短いインターバルでできるトレーニング」になってしまい、1セットあたりの強度が伸びにくくなる可能性があります。まずはインターバルの時間にあまりこだわらず、毎セットしっかりとパフォーマンスが出せるように意識することをおすすめします。

実際にインターバル時間の目安はどのように考えればいいのか。例えば、ある重さでインターバル時間を2分取った場合と3分取った場合、どちらも10回できたとします。この場合は2分にして問題ありません。しかし、ある重さで、3分のインターバルだと10回できたのに、2分だと5回に落ちてしまう。ここまで次のセットでできる回数が違うのであれば、3分休むべきだと考えます。

ここで私が意識しているのが、「よし！　次のセットも前のセットと同じ回数を挙げるぞ！」という前向きな気持ちです。この気持ちは、呼吸の上がりがおさまって、筋肉の痛みが若干落ち着いてからくるものです。この気持ちが戻ったら次のセットに入る、という感覚でトレーニングをしています。インターバルを詰めて矢継ぎ早にセットをこなすことは、一見ハードに思えます。ですが、筋肉よりも心肺機能にとってハードになっている可能性があるので、筋肉にとってハードなトレーニングを心掛けていきましょう。

トレーニング時間はどれくらいがいいのか？

トレーニング時間に関しては、私は結果論だと思っています。同じ1時間トレーニングするにしても、部位によって内容がかなり変わってきます。脚のトレーニングではインターバルが長くなり、またプレートのつけ外しにも時間がかかり、時間のわりにできるセット数は少なくなります。

各部位に対して自分がやるべき種目、セットをまずは決めると、それに対して必要なインターバルの時間は自然と決まり、トータルのトレーニング時間が決まってきます。トレーニング時間が確保できない日などは、「脚」などインターバル時間が長くなる部位は避け、「胸」、「腕」、「肩」などのインターバル時間が短くても実施すべきメニューを完遂できる部位を行うべきでしょう。時間のかかりがちな「脚」や「背中」などは、トレーニング時間がしっかりと確保できた日に行うことをおすすめします。

最近では24時間営業のジムが増え、仕事前の早朝にトレーニングされている方も多いと思います。仕事前のトレーニングなので、何時までにジムをあとにしなければならないという制限があり、このような場合は自ずとトレーニング時間が決まってきます。こうしたトレーニングは、時間内で集中して行えるというメリットはあるかもしれません。短い時間の中でトレーニングする場合は、とにかく無駄な移動や重複するような種目は避け、短時間で筋肉をオールアウトさせることが必須になります。

トレーニングノートのつけ方

第1章「目標設定とルール（可動域）設定」の項で、目標設定の重要性について説明しました。「前回よりも1kgでも重たいものを挙げる」「1回でも多く挙げる」には、前回のトレーニングの内容を把握していく必要があります。そこで必要となるのが「トレーニングノート」です。トレーニングノートとは、あとになって「あのときの俺はこんなトレーニングをしていたんだ」と思い出に浸るための日記ではありません。次のトレーニングの目標を立てるために記録をつけるものです。特にトレーニング前半の重量を伸ばしていく目的で行う種目に関しては、できるだけ細かく情報を書いていきましょう。

例えば「100kg×8回」という目標を立ててトレーニングをしたときに、8回目でフォームが崩れた場合は「8△」、フォームを崩さす満足に8回を挙げられた場合は「8○↑」などと書き、「↑」を書くことで次のトレーニング時は重量を上げることが分かるようにしておくとよいでしょう。

また、ノートにはその日のトレーニングで気づいた細かなこともメモしておくとよいでしょう。マシンのシートの高さやパッドの位置などの情報はもちろんですが、「こうしたら調子が良かった」など、気づいた感覚なども何でもメモに残しておきましょう。

私のおすすめは、分割ごとにノートを作る方法です。例えば5分割でA＝脚、B＝背中、C＝胸、D＝肩、E＝腕、という分け方をしたら、AからEそれぞれ1冊ずつノートを作ることです。3分割の場合だとA、B、Cの3冊です。この方法だと、他の部位の情報がそこにはないため、同一部位の前回のトレーニング情報がすぐに分かり、比較しやすいのでおすすめです。

チーティングの必要性

トレーニングでは、反動を使って動作することを「チーティング」と言います。ターゲットの筋肉を単体で動かそうとしても、最高のパワーを出すことはできません。ただ動かすことはできますが、最高のパワー発揮ができなければ、トレーニング強度としては物足りません。

その際に最大のパワーを発揮するテクニックがチーティングになります。負荷を逃がすためではなく、パワーを出すためにうまくチーティングを利用しましょう。

反動を使わずに丁寧に行うトレーニングのほうが「筋肉に効かせやすいトレーニング」というイメージがあるかもしれませんが、パワーを出し切るところまで筋肉を動かすことで、さらにその上のレベルの効きを体感できます。

例えばサイドレイズの場合、肩関節の動きだけで丁寧にダンベルを上下させるよりも、脚の力を使って動作したほうがパワーを発揮しやすくなります。

「効き＝動き×パワー発揮」

これが私なりの効きの鉄則になります。筋肉に刺激を与えるだけでは、なかなか筋肉は発達しません。1セットが終わったあとに、もうこれ以上どうやっても対象筋を動かせないという状態まで持っていくことで、オールアウトします。チーティングをうまく利用し、筋肉のオールアウトを目指しましょう。

チーティングは使い方を間違えると、負荷を抜いて動作するためのテクニックになってしまいます。それぞれの種目によって使い方はいろいろとありますが、「負荷を抜くためのチーティング」が必要になる場面はありません。チーティングは絶対に必要なテクニックですが、一歩間違えればマイナスに働きかねないので気をつけましょう。

「効き＝動き×パワー発揮」チーティングを使いこなしてオールアウトを目指せ！

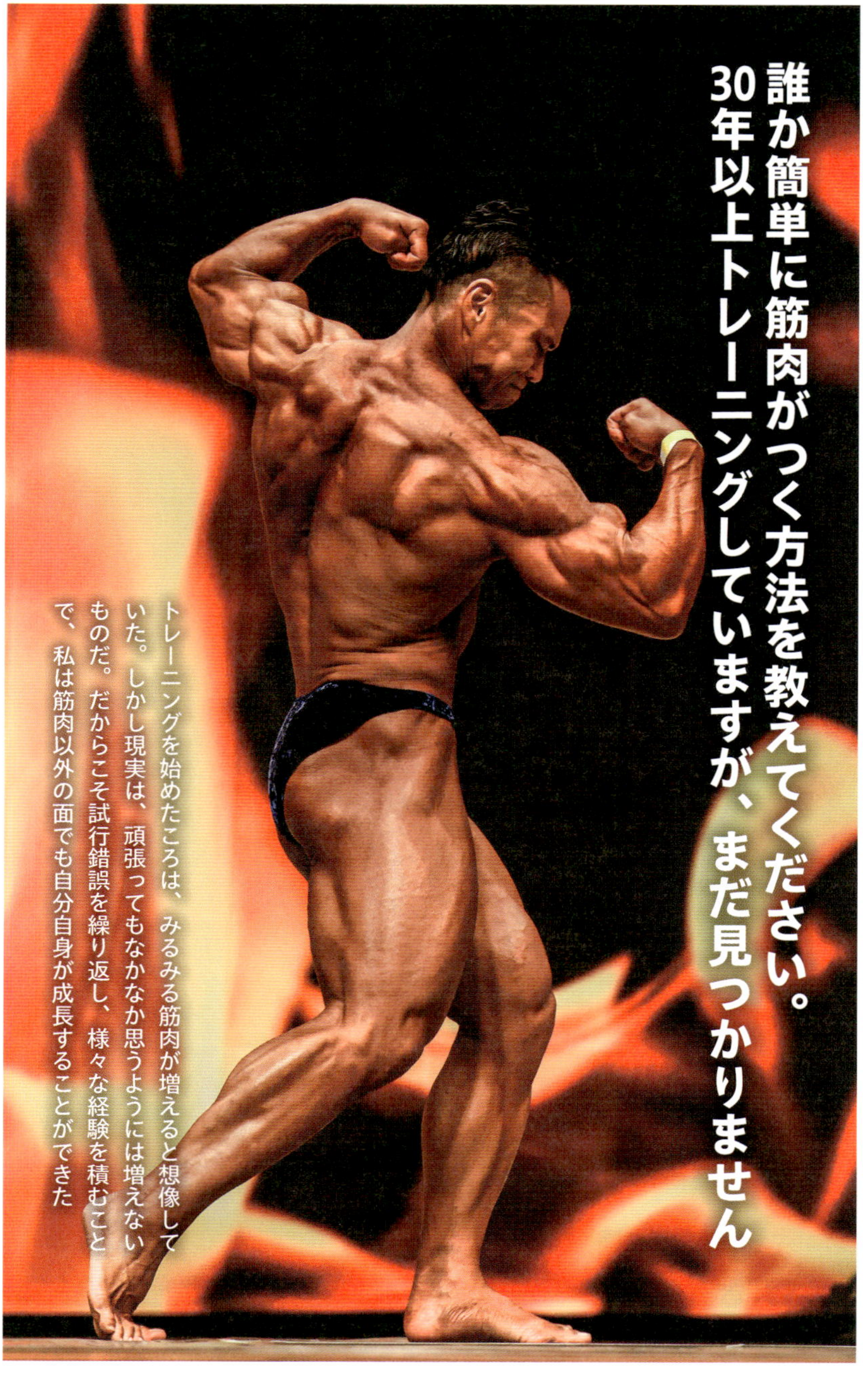

誰か簡単に筋肉がつく方法を教えてください。30年以上トレーニングしていますが、まだ見つかりません

トレーニングを始めたころは、みるみる筋肉が増えると想像していた。しかし現実は、頑張ってもなかなか思うようには増えないものだ。だからこそ試行錯誤を繰り返し、様々な経験を積むことで、私は筋肉以外の面でも自分自身が成長することができた

第4章

種目のバリエーションを増やす！

レッグエクステンション

動画はコチラ！

ターゲット部位 ▶大腿四頭筋

セッティングについて

▶足パッドの位置

足のパッドは足首よりも少し上の、足首と脛の間くらいの位置にセットする

足は倒さない。つま先は上に向ける

▶シートの位置

大腿部のつけ根を狙う場合、少しシートを後ろにして座り、股関節を使いやすくする

膝周りの筋肉を狙いたい場合はシートを少し前にして、膝の収縮の動きをメインにする

基本的な動作：大腿部のつけ根狙い

スタートポジションでは膝を曲げた状態でややお尻を浮かせ、そこから股関節も使って足を振り上げて膝をしっかりと伸ばす。マシンのグリップは、足を上げながら引っ張るようなイメージでしっかり握る。収縮感を出すために、足を上げるにつれて少しアゴを引く

▶セット前のテンションのかけ方

セッティングをしてシートに座った状態で少し揺らして狙いたい場所、「大腿部のつけ根」もしくは「膝周り」にしっかりとテンションがかかっているか確認する

▶動作のリズム

「1」で膝を一気に伸ばし、「2」で重さを受け止め「3」でストレッチを感じながら呼吸を入れて次のレップにつなげる。スタートポジションに戻ったときに、プレートが下り切ってしまうと負荷が抜けるので、下り切る手前で止めるのが理想

さらに収縮を強めるためのテクニック

マシンによっては不向きなものあるが、フィニッシュからさらに脚全体を持ち上げるようなイメージで上げると大腿部つけ根（大腿直筋）への収縮が感じられる

脚だけでの動作イメージ。膝を伸ばしながら脚全体を持ち上げるようなイメージで行う

レッグプレス

ターゲット部位 ▶大腿四頭筋、ハムストリング、臀部

動画はコチラ！

▶足の位置

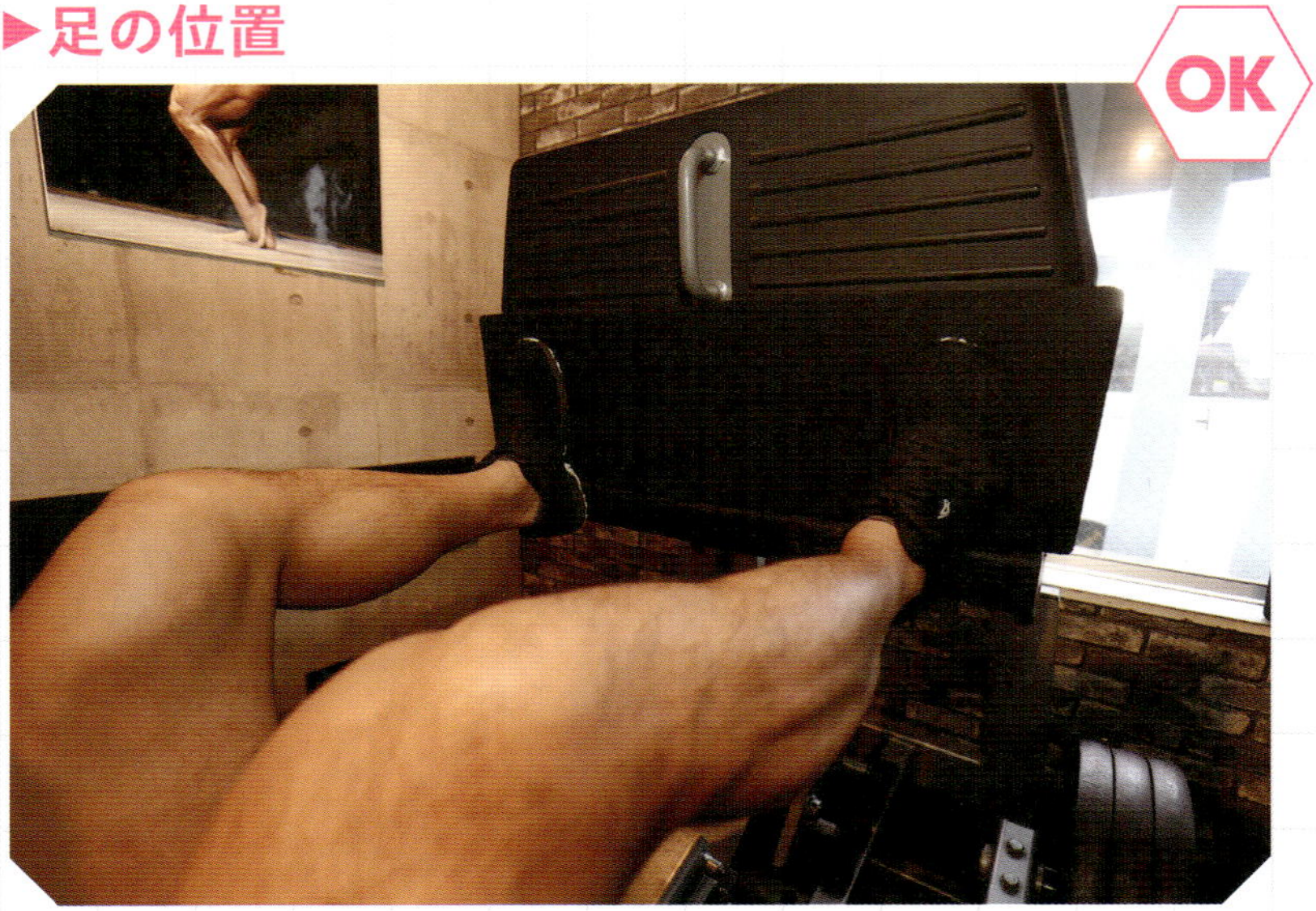

マシンによってフットプレートの大きさが変わってくるので一概に「この場所に置く」とは言えないが、基本的にはカカトが浮いてしまった極端なつま先重心にならないように注意する。また、置く位置が上のほうになりすぎると、膝関節の動きが少なくなり大腿四頭筋に負荷が入りにくくなる

スタートポジションの作り方

みぞおちを上げて肩甲骨を寄せる。その状態で自然に握りやすい位置でグリップをする。グリップする場所は、必ずしもマシンのハンドルの位置でなくてもよい

前のほうにハンドルを無理に握ることで身体が丸まりやすくなってしまう

基本的な動作

他の脚の種目同様、レッグプレスにも「大腿部のつけ根狙い」「膝周り狙い」によってフォームを分ける。ここでは「大腿部のつけ根狙い」のフォームを紹介。スタートで作ったみぞおちを上げて肩甲骨を寄せた姿勢を維持したまま、フットプレートを戻していく。フットプレートを戻すときに身体が丸まりがちになるが、丸まらないように意識してみぞおちを上げながら動作をする。大腿部のつけ根にテンションを感じたら一度しっかりと受け止める時間を作り、その後押し返す。みぞおちを上げ、骨盤の前傾を意識しながら動作を行う

▶動作リズム

スタートポジション

1

2

「1」「2」で戻して、「3」で押す。ネガティブ動作（戻していく動作）のときがメインのイメージで効かせる。もっとも膝が曲がった状態で一度、動きを止めて重さをしっかりと受け、そこから一気に押し込む

3

プローンレッグカール

ターゲット部位 ▶ハムストリング

動画はコチラ！

基本的な動作

レッグカールにも、大きく分けると２つの動かし方があるが、ここではハムストリング全体からお尻まで使うレッグカールを紹介。スタートポジションでは上半身を起こし、ハンドルをしっかりと握り、シーソーのように上半身を下げると同時に膝を曲げる。この際、膝だけでなく股関節を使って膝がシートからやや上に離れる状態で上げていく。足のパッドは、ふくらはぎの中央部からやや下の位置にセットする。膝を曲げ伸ばしだけをする動作に比べ、股関節を動かすことで円軌道が大きくなるため、それに合わせてパッドの位置も調整する。このセッティングが軌道に合っていないと、膝を浮かせようとしても、マシンの軌道とずれてしまい、動作しづらい

プローンレッグカール

膝だけを動かすと

股関節を使わず、膝だけを動かすレッグカールの動作。ハムストリング全体ではなく、膝に近い部分に刺激が入る

ペックフライ

ターゲット部位 ▶大胸筋

動画はコチラ!

シートには座らない

ペックフライでもしっかりとパワーを発揮するため足の踏ん張りが重要。べったりと座って下半身を脱力せず、シートからややお尻を浮かせ、床に足をつけてしっかりと踏ん張る

▶足幅について

OK

NG

足を大きく開くとフィニッシュの際に大胸筋の収縮が弱くなる。私の場合は両膝でシートを軽く挟むような感覚で行っている

基本的な動作

スタートでは腰を反らせるというよりは、息を吸い込みながら胸の中央部にストレッチを感じる。ウエイトが戻りきらずに負荷が抜けないようにし、胸の中央部にしっかりと重さをのせてから身体の前で両手を合わせる

▶フィニッシュについて

背中をシートにつけた状態で両手を合わせていく。肩甲骨はあまり意識せず、背中が丸まらないように上体を立てたまま行う

▶絞るときの意識

ポイントは両手が合わさるときに、しっかりとパワーを出すこと。両手を合わせる場所が身体から遠くなるほど、収縮感は強くなる。その半面、パワーの発揮は落ちる

肘を曲げればパワーの発揮は強くなるが、収縮感は弱くなる。フィニッシュで肘と肘の距離が狭くなるほど収縮感が強くなる

▶追い込むときのテクニック

両手を合わせられなくなったときは、2段階で動作を行う。まずは、最初の動作で閉じられるところまで閉じ、息を吸いなおして身体をシートから離して少し前に出て、その状態からもう一度両手を合わせていく。追い込むとフォームが崩れやすくなる代表的な種目なので、初心者の方はフォームが崩れたらドロップセットなどで重さを軽くして、よりフォームが乱れないように行うのがおすすめ

マシンロウイング

ターゲット部位 ▶広背筋、僧帽筋

動画はコチラ！

▶まずは軌道を把握する

水平の軌道

ハンドルを握る位置によって、効かせる場所を変化させられる

斜め上から斜め下の軌道

背中の中部・下部に刺激が入りやすい

斜め下から斜め上の軌道

背中の上部に刺激が入りやすい

背中を鍛えるロウイングのマシンには様々なタイプのものがある。その軌道は主に「まっすぐ（座位で行うマシンの場合、水平）」「斜め上から斜め下」「斜め下から斜め上」の3タイプがあり、「まっすぐ」はハンドルを握る位置によって、効かせる場所を変化させることができ、「斜め上から斜め下」は背中の中部・下部、「斜め下から斜め上」は背中の上部に刺激が入りやすい。ロウイングマシンを使う際にはまずはそのマシンの軌道を把握して、そのマシンが背中のどの部分を刺激するのに適しているのか、理解した上で使うようにするといよい。さらに、その軌道に対してのベストなセッティングが必須となる

ポイントは引き切ったときの手幅

手幅は40ページの「ラットプルダウン」同様、引き切ったときに背中がもっとも収縮する幅。まずは、その幅に合わせてハンドルを持つ位置を決めていく。ここで紹介しているハンマーストレングスのマシンの特徴としては、ハンドルが斜めになっているため、引き切ったときの手幅は上部を持てば狭くなり、下部を持つと広くなる。また、同じ重量でもハンドルの上部を持てば軽く感じ、下部を持つと重たく感じられる。自分の理想の軌道になるグリップ位置で毎回握るようにする

▶シートの高さの決め方

ハンドルの持つ位置を決めたら、それに合わせてシートの高さを決めていく。そのハンドルを持つ位置に対してベストなシートの高さを探すことが重要。このセッティングが毎回変わると、効き方にばらつきが起きる

基本的な動作

このマシンは「まっすぐな軌道」に近いタイプ。パワーを発揮するために上体を後ろに倒して、極端に上体を倒すのはNG。お腹からパッドが離れない程度で行うのが理想

NG

引き切ったときにパッドからお腹が離れるNG例。お腹をパッドにつけたままのほうが背中を収縮させる感覚を掴みやすい。ハンマーストレングスのマシンは身体を倒しすぎると負荷が抜けてしまうので要注意

プーリーロウイング

ターゲット部位 ▶広背筋、僧帽筋

動画はコチラ!

基本的な動作：背中の中～下部

プーリーロウイングは背中の狙いたい場所によって身体の使い方が変わってくる。まずは中部から下部を狙いたい場合。両足でしっかりと踏ん張り、ストレッチの際に背中を丸めない。ストレッチで肩甲骨が開いて背中が丸まると、背中の上部に入りやすくなる。中部から下部を狙いたい場合は、背中の下部からテンションが抜けないよう、上体を立てたまま前後の揺さぶりを使い、ハンドルを引きつけていく。引いた際は軽くアゴを上げる

基本的な動作：背中の上部

背中の上部を狙う場合は肩甲骨の動きがメインになる。ストレッチポジションでは肩甲骨を開いたイメージで構え、そのまま高い位置にハンドルを引き、肩甲骨を寄せて胸を張る

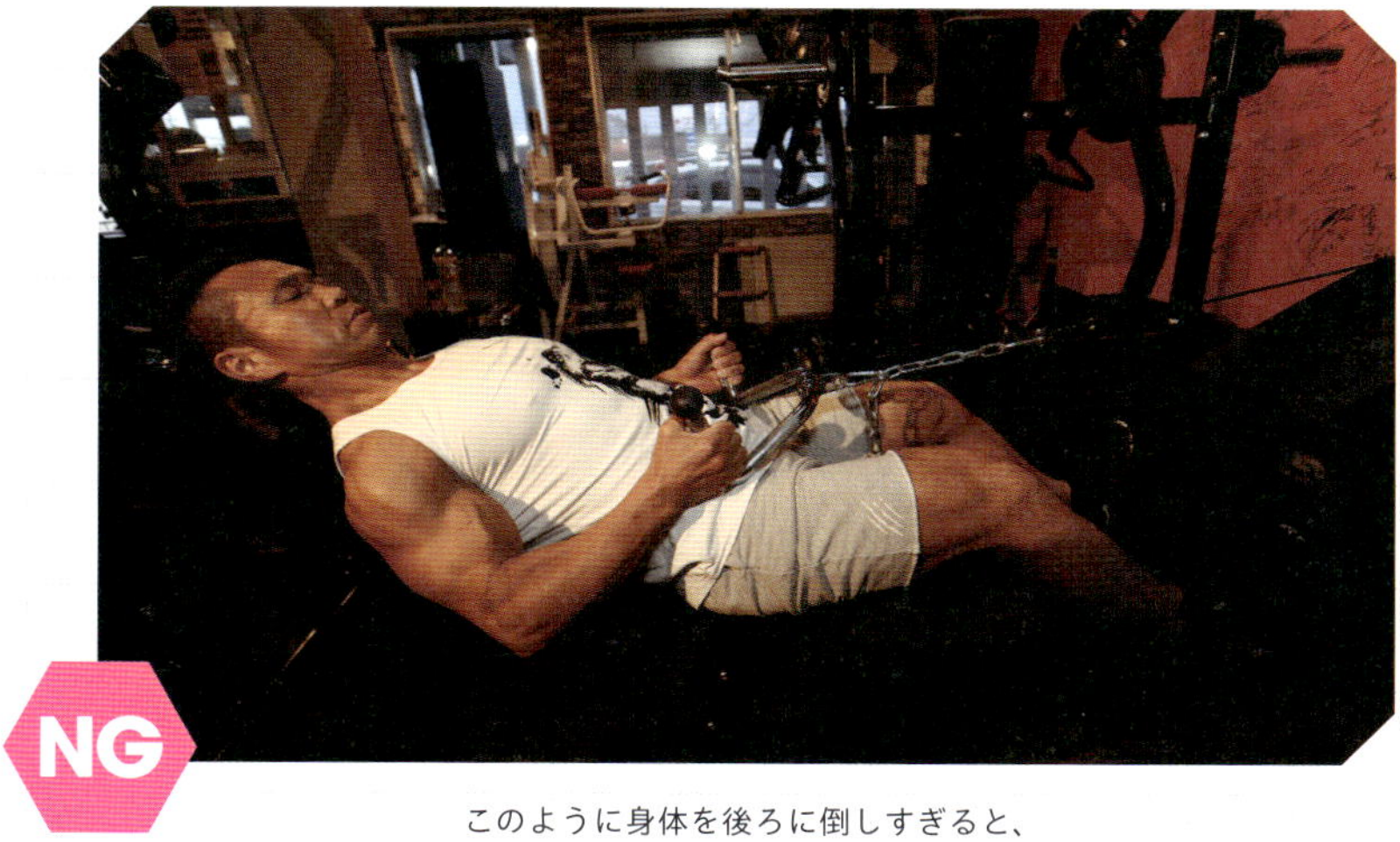

このように身体を後ろに倒しすぎると、
重量は扱えるが背中の動きは小さくなる

腕で引いたNG例。あえて丸め気味で引くトレーニングもあるが、初心者の方は腕に力が入りやすくなるので、まずは胸を張って行うのがおすすめ

インクラインダンベルカール

ターゲット部位　▶上腕二頭筋

動画はコチラ！

インクラインにするメリット

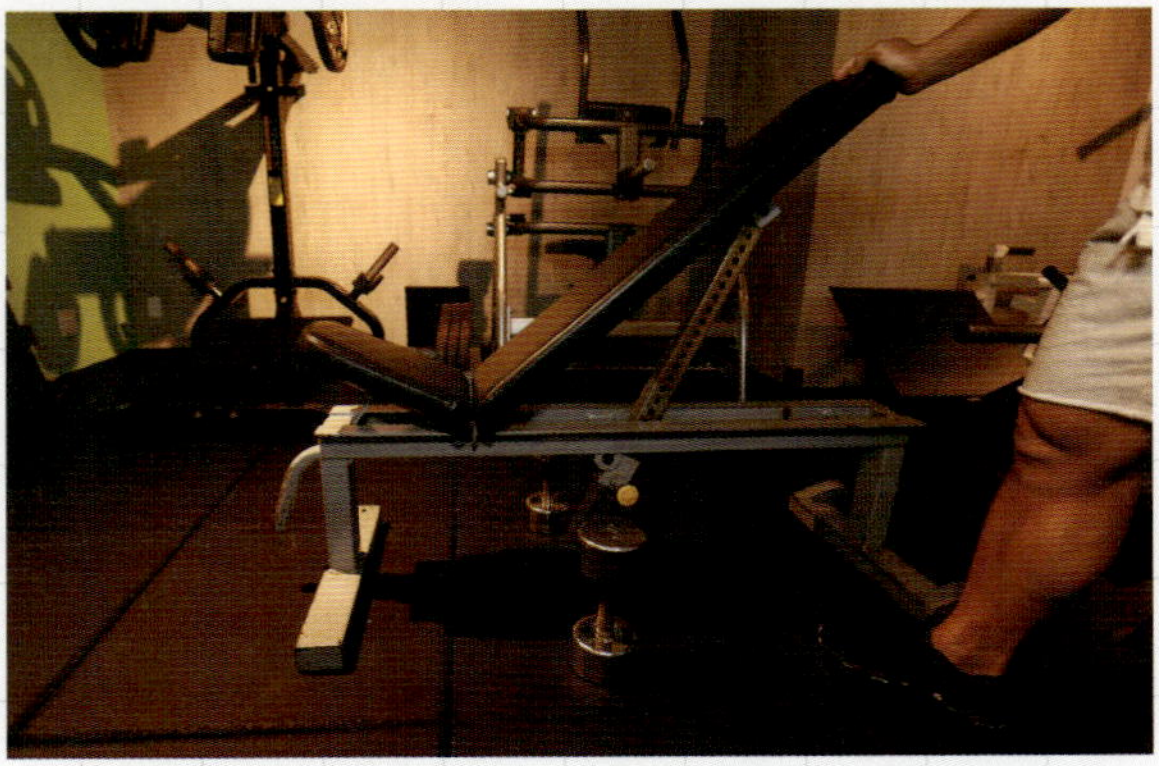

インクラインダンベルカールは上腕二頭筋のストレッチ種目。上腕二頭筋がストレッチされるのは上腕が身体の後ろにくるポジション。インクラインベンチで行うことで上腕二頭筋をよりストレッチさせながら負荷をかけることができる。ベンチの角度を倒しすぎてしまうと逆にストレッチを感じにくくなるため、45度もしくはそれよりも立てた状態で行うのがおすすめ

▶ダンベルの持ち方

ダンベルは手のひらが正面になるように持つ。キツくなってくると親指が上になるようにして動かしたくなるが、動作中は手のひらが正面の状態を維持する

基本的な動作

私の場合は、ダンベルが上にある状態からスタート。ダンベルを下ろしながら軽く胸を張り、アゴを上げてダンベルを下ろしていく

肘が身体の後ろに位置し、伸び切るやや手前でしっかりとストレッチを感じて重さをのせ、そこから一気に切り返し、アゴを引きながらダンベルをカールする

手の向きは常に同じ

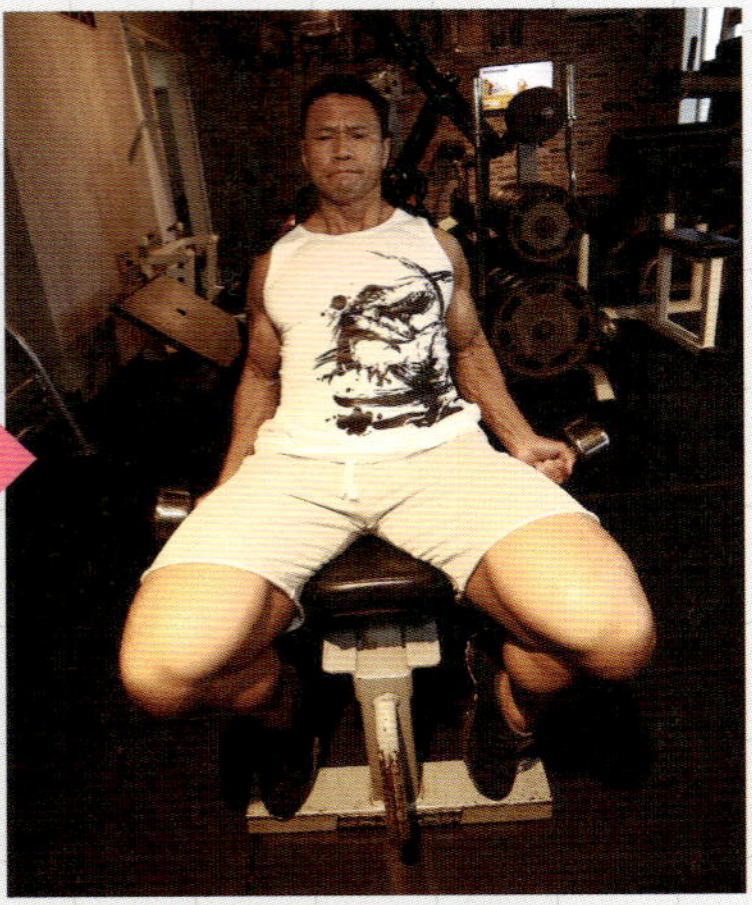

動作中、手のひらの向きは常に正面。胸を軽く張り、上腕二頭筋にストレッチを感じながらダンベルを下ろしていく

肘を伸ばし切らない

OK

NG

ダンベルを下ろしたときに肘を伸ばし切ってしまうと、そこで上腕二頭筋にかかっているテンションが途切れてしまう。肘は伸ばし切らずに、重さを感じたまま切り返していく。手首は左のOK写真のように軽く掌屈（軽く巻き込む）

身体で迎えにいかない

ストレッチの際に上体が起きて身体で迎えにいかないようにする。身体で迎えにいってしまうと、インクラインベンチを使用しているメリットが失われる

▶角度について

インクラインベンチの角度を倒せば倒すほどストレッチが強くなると感じるが、実際は写真のように大きく倒しても身体が起きやすくなり、重量も扱えなくなるので、45度もしくはそれよりも立てた状態がおすすめ。ストレッチが苦手な方は、より立てた状態で行う

プレスダウン

ターゲット部位 ▶上腕三頭筋

動画はコチラ！

▶バーの持ち方

プレスダウンのアタッチメントも様々なものがあるが、ここではもっともスタンダードなリボルビングバーを使用。ロープは手元が固定されておらずパワー発揮をしにくいため、基本はリボルビングバーがおすすめ。バーは手首に近い位置で保持し、指で握らないようにする。指で握ると手首が背屈して（手首が返って）しまい、上腕三頭筋に負荷がのりにくくなる

▶足幅について

足でしっかりと地面を踏み込めるよう、足幅は広すぎないようにして、膝の動きを使いやすくする

基本的な動作

スタートポジションではやや肩をすくめるイメージでバーをアゴに近づける感じで肘を曲げ、そこから身体全体をやや伸ばすようなイメージで重心を高くし、肘を伸ばし切る

▶手首のスナップ

スタートポジションでは猫手のイメージ。そこから手首のスナップを利かせながら肘を伸ばし、バーを押し込む

フィニッシュはやや伸び上がるイメージで

伸び上がるのではなく、腰を引いてバーを引きつけているNG例。カカトに重心が抜けてしまい、収縮感が弱くなる

肩で下に押し込むＮＧ例。パワーの発揮が弱くなる

写真のように立つ位置がケーブルに近すぎ、フィニッシュでケーブルが床に対して垂直になると、収縮での負荷が弱くなる

身体はケーブルの支点から少し離れたところに位置し、軌道は肘を中心にした円軌道で肘を伸ばす。その結果、下方向ではなく、バーは大腿部に近づいてくる

肘を広げて押すと

ストレッチで肘が横に開くと、上腕三頭筋の
外側に位置する外側頭への刺激が強くなる

肘の位置は大きく変えない

NG

肘が身体から離れていくと肩関節の動きが大きくなる。反動は使いやすくなるが、
上腕三頭筋のストレッチで負荷がのる感覚が緩む

ダンベルフレンチプレス

動画はコチラ！

ターゲット部位 ▶上腕三頭筋

背もたれがないと…

ダンベルフレンチも前項のプレスダウン同様、身体を伸ばすイメージで行うと力を発揮しやすい。背もたれがないと身体が丸まってしまい、また身体を伸ばそうとすると後ろに倒れそうになる。また身体を伸ばそうとすると、後方に倒れそうになるため、思い切ったパワー発揮ができなくなる

お勧めはインクラインベンチ

おすすめはインクラインのベンチ台。座って行うと動作中にダンベルが背もたれにぶつかることがあるので、背もたれに合わせて自分の身体の高さを調整する

基本的な動作

あまり下半身が動かないよう、両膝でしっかりとベンチを挟み込む。肘を曲げていく際に身体があまり伸びないようにややアゴを引き、肘を伸ばすときはやや身体が伸びるようなイメージで挙げる

▶ダンベルの持ち方

ダンベルはしっかりと指をひっかけて、手で支えられるようにして持つ。ストレッチポジションでは手首が掌屈し、猫手になるイメージ

潰れた場合の対処法

潰れてしまいダンベルを挙げられなくなった場合は、シートの上にダンベルを乗せて、肩口から前方に戻していく。安全な脱出方法ではあるが、練習が必要

肩関節は動かさない

肘の位置が後方に動いてしまうと、肩関節の動きが大きくなり、ストレッチがかかりにくくなる。ダンベルはできるだけ頭の近くの軌道を通して、真下に下ろしていくイメージで

リアデルトフライ

ターゲット部位 ▶三角筋（リア）

動画はコチラ！

▶セッティングについて

NG

マシンには座るためのシートが設置されているが、写真のようにシートに深く座ると足が使えないため、パワーの発揮が落ちる。同時に身体が後方に倒れやすくなり、肩甲骨が動きやすくなるため背中に負荷が逃げてしまう

OK

前傾し、両膝でしっかりとシートを挟むとよい

▶ハンドルの持ち方

手首をやや掌屈し（軽く内側に入れる）、小指側でしっかりとハンドルを握る。そうすることで三角筋後部に負荷がのりやすくなる

肘は伸ばさない

肘を完全に伸ばし切った状態で行うと、上腕三頭筋に力が入りやすくなってしまう。肘は軽く曲げておく

基本的な動作

身体を前傾してマシンに胸の上部を当て、ハンドルを後方ではなく横に開くイメージで行う。開いたときに少しお腹に力を入れるイメージで行うと、背中側に負荷が逃げにくくなる

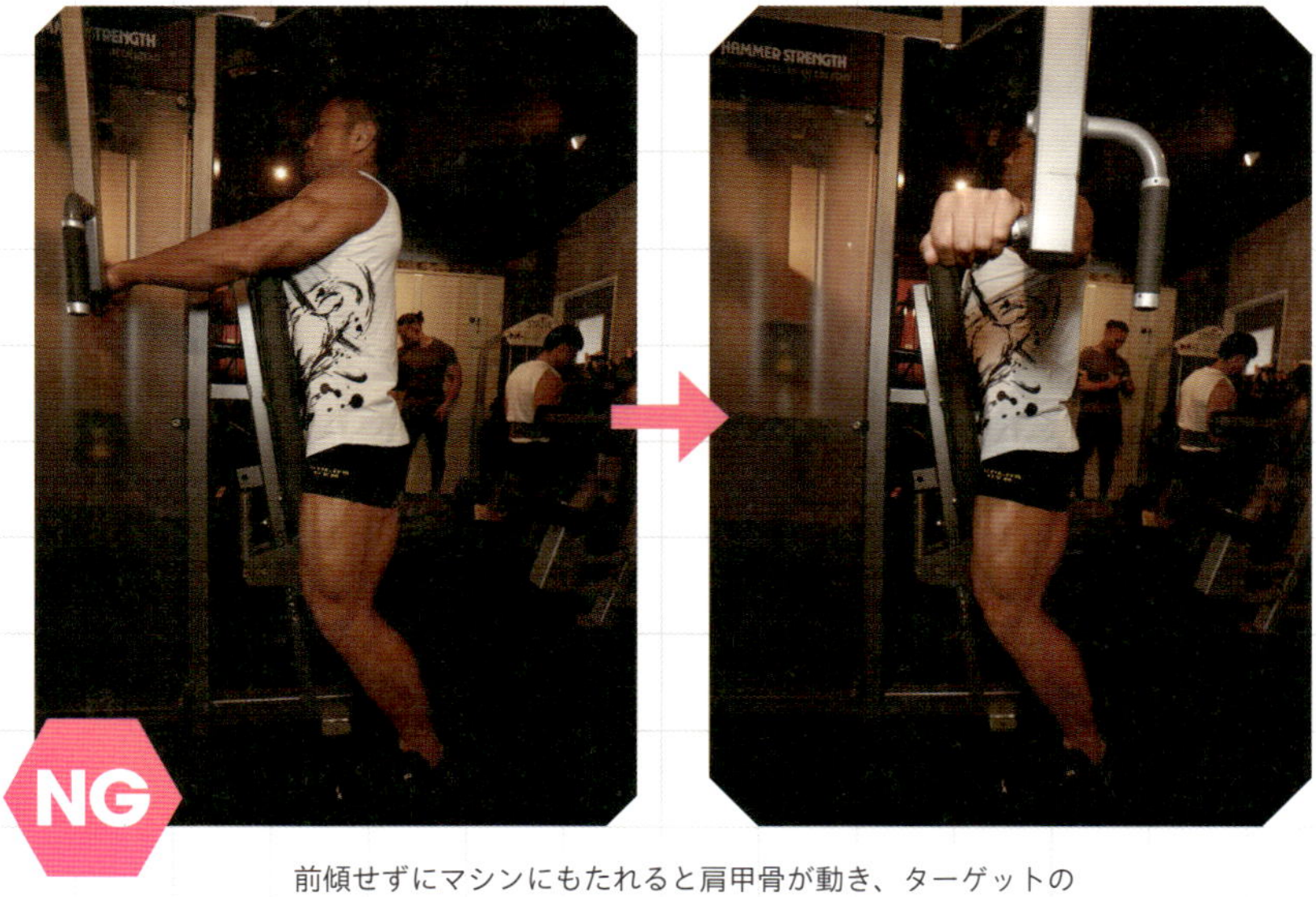

前傾せずにマシンにもたれると肩甲骨が動き、ターゲットの三角筋後部よりも背中の筋肉が使われやすくなる

ワンハンドで行う場合

両腕で行うよりもストレッチ、収縮をより強くかけられるのがワンハンドの利点。身体をハンドルの動きと反転させると、よりストレッチ、収縮を感じやすい

スタートのストレッチポジションでは顔を手元と反対側に向けて三角筋後部にストレッチを感じ、フィニッシュでは手元の動きと逆側に顔を向けて収縮を感じる

アブクランチ２

ターゲット部位 ▶腹筋

動画はコチラ！

「アブクランチ１」の応用編

64ページで紹介した「アブクランチ１」の応用編。ここではハーフカットのストレッチポールを用いる

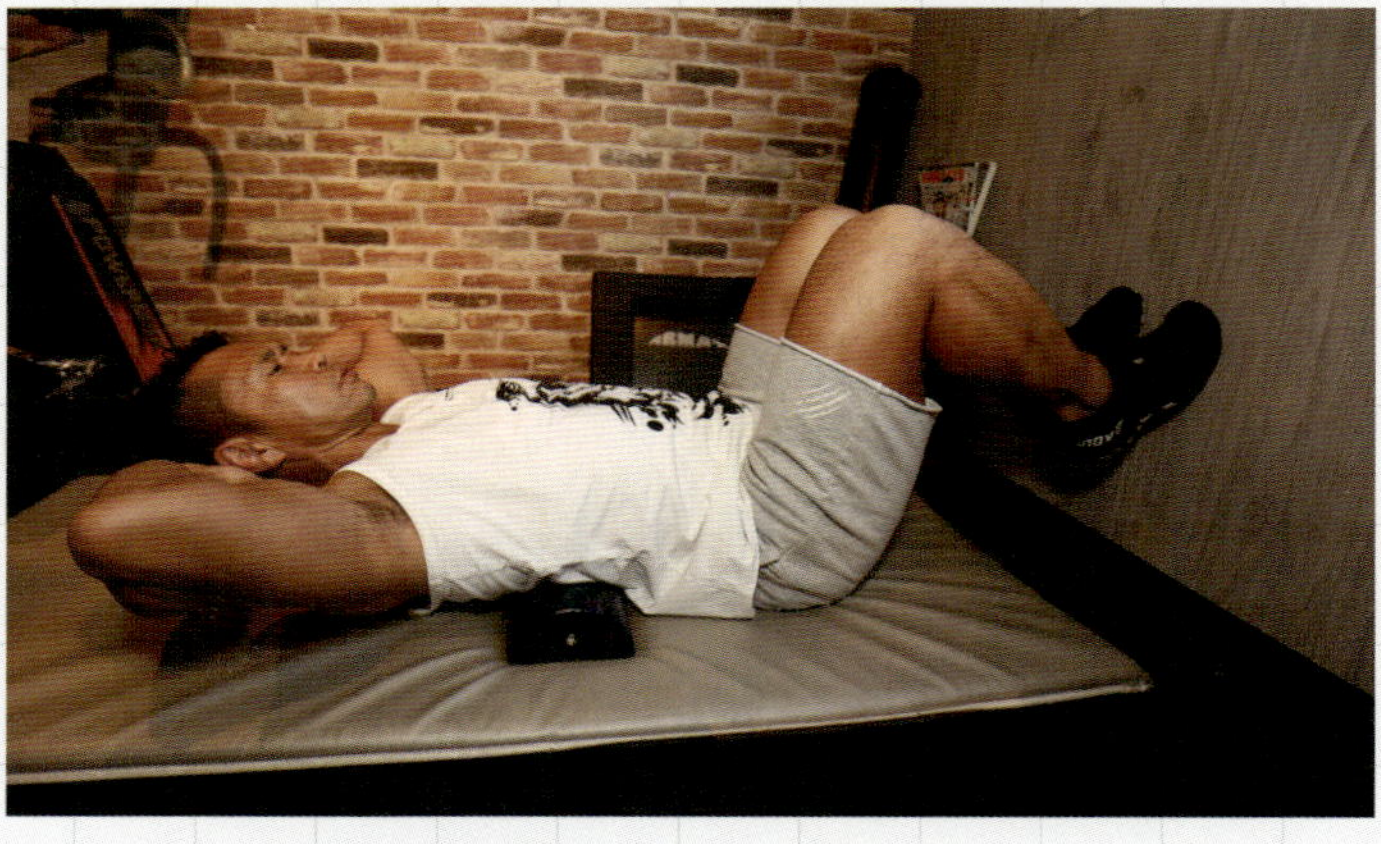

ポールを腹筋上部の裏側にセット。「アブクランチ１」同様、両手を後頭部におき、スタートでは両肘を開く

基本的な動作

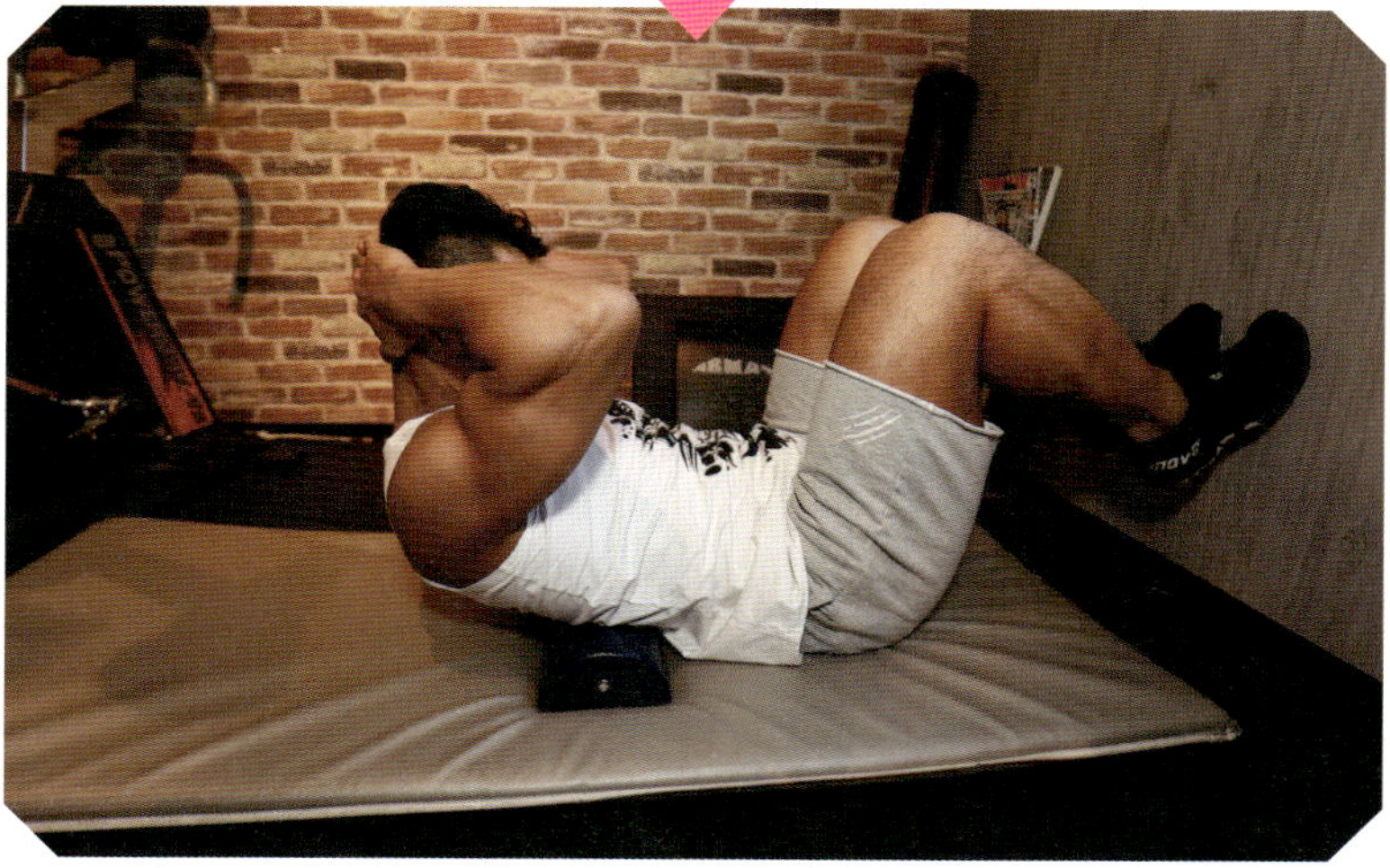

「アブクランチ1」は収縮をしっかりとかけられるが、ストレッチは弱い。ポールを用いることでより腹筋上部がストレッチされる。息をゆっくりと吐きながらアゴを引いて腹筋の上の段から丸めていき、同時に肘を閉じていく。ストレッチの際はアゴを上げ、肘を開く。このとき、肩甲骨が床についてしまうと負荷が抜けるので、ストレッチが抜けないようにギリギリで止めてから、そこから収縮へと移行する

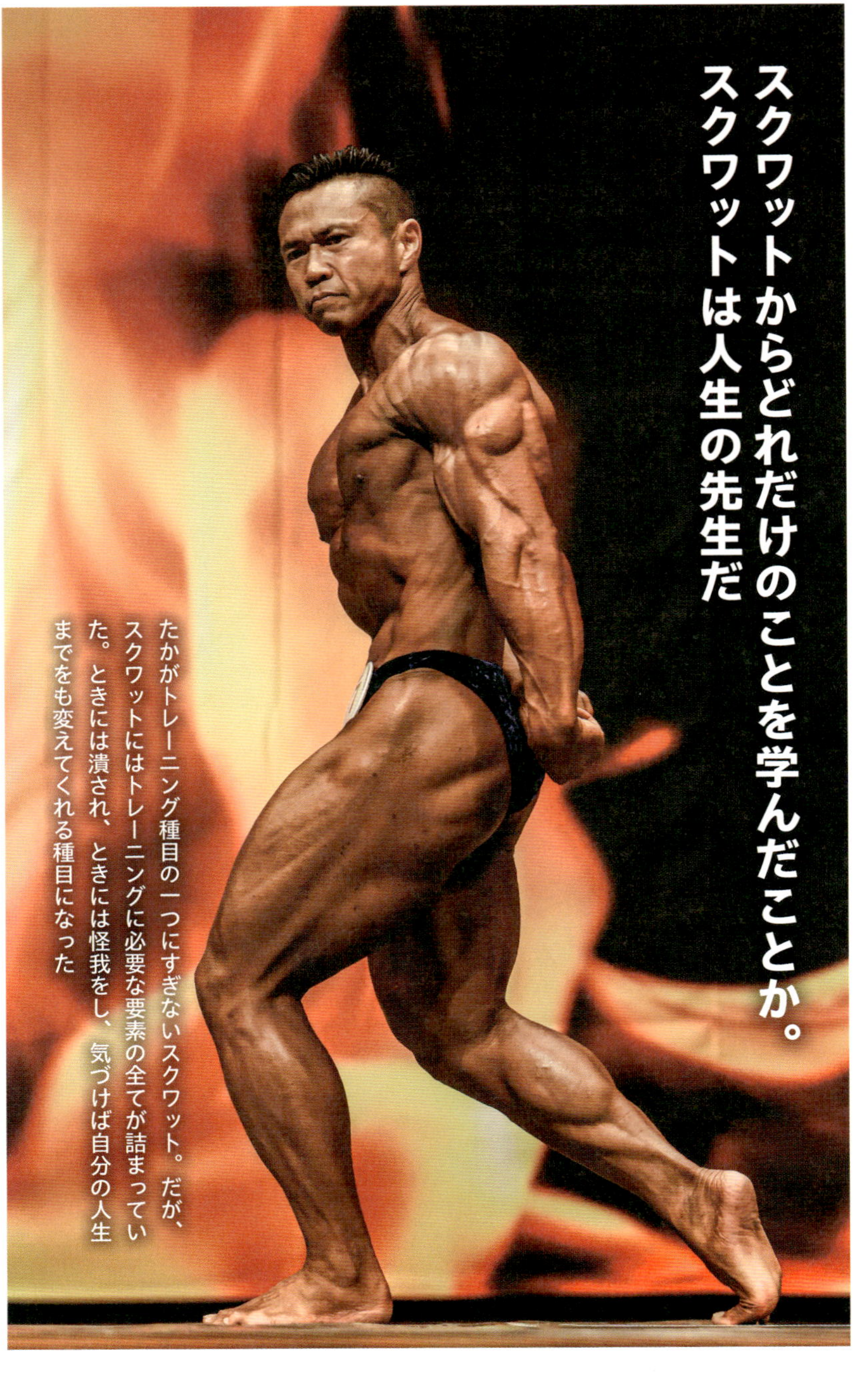

スクワットからどれだけのことを学んだことか。スクワットは人生の先生だ

たかがトレーニング種目の一つにすぎないスクワット。だが、スクワットにはトレーニングに必要な要素の全てが詰まっていた。ときには潰され、ときには怪我をし、気づけば自分の人生までをも変えてくれる種目になった

第5章

トレーニングを行う上でのメンタル論

トレーニング初心者こそ精神力を養え

初心者のうちは、自分ではしっかりと追い込めているつもりでも実は追い込めていないということが多々あります。追い込めているかどうかを自分で判断するのは難しいもので、「追い込む」感覚がなかなか掴めない場合は、信頼できるトレーナーに見てもらうのも一つの手かもしれません。

私がトレーニングを始めたばかりのころは、全身をほぼ毎日のように行っていました。よく言われる「やりすぎ」にあたる「オーバーワーク」などは一切に気にせずに、時間が許す限り、満足するまで好きなトレーニングしていました。1セットの中で対象筋を限界まで追い込むことを心掛け、より重たいものを持ち、より多くのセット数をこなす、そんなトレーニングを行っていました。

実際に、感覚としては10代のころはトレーニングをすればするだけ筋肉がついていきました。若いころは、そのときにしかできないトレーニングというものがあるので、効率とか無駄なトレーニングをしないとかなどの考えは全くありませんでした。今振り返ってみると、確かにその時代のトレーニングは効率が悪く、無駄なことを行っていたかもしれません。しかし、何よりもトレーニングに対するメンタル的な部分の土台を作ることができました。

トレーニングのフォームは、いつからでも修正ができます。しかし、トレーニング経験を積めば積むほど、メンタル的な部分の向上を狙うのは困難になっていきます。よりハイレベルなボディメイクを目指すのであれば、メンタル的な部分がかなり身体に現れてきます。できるだけ早い段階で、メンタル的な部分のレベルを上げたいものです。

現代は、ＳＮＳに様々な情報が溢れ、その取捨選択に迷うこともあるかと思います。楽に筋肉がつけられる方法を探し、ネットの海をさまようことになるかもしれません。私からのメッセージとしては、楽をして筋肉をつける方法はありません。トレーニングを行う上で「メンタル面が強い」ということは、トレーニングテクニックと同じくらい重要な条件となります。

トレーニングの目的は「成長」

できないことを無理して行うのがトレーニングではありません。もちろん、できないことをできるようにしていくわけですが、背伸びは禁物です。

50kgしか扱えない種目でいきなり１００kgを目指すのは、無謀というものです。今の自分の限界値をほんの少しだけ継続して向上させていくことが大事です。10回が限界のトレーニングを8回や9回でやめてしまっては、成長できるでしょうか？　それは「ただの運動」です。

私は、トレーニングとは自分自身を「成長」させていくものだと考えています。常に挑戦を繰り返し、試行錯誤をし、成長することを目的にトレーニングしましょう。

トレーニングは日々の闘い

初心者時代は、その後のトレーニング人生を含めても、もっとも使用重量が伸びやすい時期

ハイレベルなボディメイクを目指すのであれば「メンタルが強い」は重要な条件

だと言えます。もちろんフォームが安定しない中で無理に重量を上げるのはNGですが、ある程度フォームが固まってきたら、常に重量を伸ばす意識を持ちましょう。

パワーを上げるというのは、車で言えばエンジンを大きくして馬力を上げている状態です。馬力が上がれば加速能力や最高スピードも上がっていきます。重いものを持つトレーニングは、トレーニング全体のレベルを引き上げます。

同時に重たいものを持つことで、緊張感や恐怖感が自然に生まれてきます。この緊張感や恐怖感が最高の集中力を生みます。その恐怖に立ち向かい成功する経験は、ボディメイクだけではなく様々な競技でも生かせるものだと思います。

私は今でも脚のトレーニングの前はとても憂鬱になります。若いころはスクワットを第

1種目に持ってきていたので、重さに対する恐怖感やプレッシャーから毎度セットに入る前に手が震え、正常心を保てませんでした。この自分との闘いに打ち勝つために自然にアドレナリンが出て、それが最高のパフォーマンスにつながります。

通常のスポーツでは、試合の場面でそのようなメンタルが試されることが多いかと思います。私はボディビルという競技をしていますが、ボディビル競技の場合は日々の1セット1セットが試合のようなメンタルを試される場面になります。

「トレーニング体力」とは何か

これは私のオリジナルの言葉になるのかもしれませんが、「トレーニング体力」というものがあります。筋肉というものは、自分のトレーニング体力以上のものはつかないというのが私の考えです。いくらハードにトレーニングしようと思っても、トレーニング体力がなければ、それは実現できません。

このトレーニング体力というのは独特で、心肺機能やスタミナと呼ばれるものとは、また少し別物です。トレーニング体力は、トレーニングの中でついていくものです。例えば、ボディビルのトップ選手のように高重量を扱い、なおかつある程度のインターバルをキープし、ボリュームのあるトレーニングを最後までやり切るというのは一般の方はなかなかできないと思います。

ただ、もちろんすぐに真似できるものではありませんが、トレーニング体力が向上していけ

「トレーニング体力」をつけ よりハードなトレーニングを実現せよ

ば、いずれ可能になります。その中でもトレーニング体力を養うのにおすすめなのが、脚のトレーニングです。脚のトレーニングはとてもハードなため、私も正直、好きではありません。

しかし、得られる効果が絶大で、それは脚の筋肉の発達のみにとどまりません。まさに脚トレはトレーニング体力が養われます。脚のトレーニングをしっかりと行うことで、上半身のトレーニング強度も高めていくことができるでしょう。

そして、トレーニングにとってとても重要な精神力も向上していきます。脚のトレーニングをしっかりと行うことで、トレーニング全体のレベルを上げていきましょう。トレーニング体力と精神力が向上するにつれ、トレーニングの幅は確実に広がっていきます。トレーニングテクニック、トレーニング体力、精神力、この3つがバランスよくそろって、初めて完璧なハードトレーニングをこなせるようになります。

「パワーアップしたのに筋肉がつかない!?」を避けるために

ウエイトトレーニングをされている方の中には、ボディメイクを目的にされている方もいれば、スポーツでのパフォーマンス向上を目的にされている方もいると思います。ボディメイクにおけるトレーニングの目的は筋肉をつけること、つまり筋肥大です。筋肥大のためのトレーニングと、競技能力向上のためのトレーニングの違いは何か。ここを理解しておかないと、たとえウエイトトレーニングでパワーアップしたとしても「筋肉がつかない」ということになってしまいかねません。

初心者こそ重量を持つべきと解説してきましたが、100kgで行っていたスクワットが150kgに伸びたとしても、脚の筋肉量が変わっていなければボディメイクとしては目的を達成できていません。

ここで大切になってくるのが筋肉への意識です。ボディメイクトレーニングでは、スクワットをするにしても、「大腿四頭筋を使っている」「お尻を使っている」など、常に筋肉への意識が必要になります。一方で、競技能力向上のために行うスクワットの場合は、そこまで筋肉に効かせようとする意識は必要ありません。

重量を伸ばしながら、さらに筋肉への意識も高めていく。この両立は、とても難しいです。

まずはある程度、「この筋肉を使っている」という感覚を持つことから始め、その感覚を常にキープしながら重量を上げていきましょう。どこの筋肉を使っているのかよく分からない種目は無理して行わず、気に入ったマシンなどを活用して筋肉を動かす感覚を掴んでから、フリーウエイト種目などを取り入れていくのもよいでしょう。

どんなスポーツをするにしても、自分の感覚というものはとても大事です。たとえ第三者から見てフォームがきれいでも、筋肉を動かす感覚が掴めていなければ、そのフォームはその人にとっての正解ではないかもしれません。

全身にはたくさんの筋肉があり、最初からある程度動きを感じ取れる筋肉もあれば、まったく感覚が入らない筋肉もあります。この感覚はトレーニングを積めば、次第によくなっていきます。発達しやすい筋肉は、他の筋肉に比べて感覚が鋭い場合が多いです。

筋肉の成長は、その結果が出るまでにとても時間がかかります。何か新しいトレーニングや種目を試す場合は、1、2カ月行った程度では良し悪しの判別はつきません。私の場合は、新しいトレーニングを試す際は、約1年やり込むようにしていました。時間をかけて、「種目」と「筋肉」をつなげていきましょう。

自信を持って取り組むべし

私はある意味、トレーニングは実験だと思っています。この実験を行う際に私が重要だと感じるのが、「これはいいはずだ」と信じて行うことです。自信を持って行うトレーニングからは、よい結果を得られることが多いものです。逆に、「これでいいのか？」と半信半疑で取り組むトレーニングは、あまりよい結果が出ません。

このように、トレーニングおいてはメンタル的な要素が結果を左右する場合が多々あります。例えば、これまで10回挙げられたものが、突然何かのきっかけで8回しかできなくなることもあります。調子が良く、重量が伸びているときには当たり前のようにできた回数が、重量の伸びが停滞してだんだんと自信がなくなってくると、できなくなることもあります。

重量を伸ばしていく段階で、ある重さで10回挙げられているとします。重量が伸びている上り調子の時期は、「次は11回挙げるぞ」という高いモチベーションで臨めるものですが、何回かその挑戦が失敗すると「もう限界かも……」という思いに駆られます。このような不安要素がよぎってくると、当たり前のようにできていた10回という回数すら、できなくなることもあります。

失敗を何度も繰り返し、挑戦し続けることも大事ですが、日々のトレーニングの中では、あまり失敗を繰り返すと不安な気持ちが先行し、成長を阻む場面があります。このような場合は気持ちを切り替え、新しいトレーニング方法を取り入れたり、目標回数の設定を変えてみたりして気分展開することをおすすめします。できるだけ成長を感じられるように、自分で目標表設定をうまくコントロールして、自信を持ちながら取り組んでいただきたいです。

トレーニングの「心技体」

競技に接していると「心技体」という言葉をよく聞きますが、これは日々のトレーニングにおいても重要な要素です。

「技」はトレーニングのテクニックやフォームなどの技術です。また、「効かせる」という感覚の部分も「技」に入るかと思います。より「技」の部分のレベルを上げていきたいものです。おそらく、トレーニングにおいてこの「技」は無限に成長する部分だと思います。

「体」には、トレーニングにおいてはよりハードにトレーニングできる体調面、コンディショニング、またしっかりと栄養を管理してベストパフォーマンスを毎回のトレーニングで発揮するという部分も入ります。

そして、「心」。これはトレーニングにおいて、とても結果を左右する部分です。トレーニングでは、身体にとってもメンタル的にも日常生活では経験しない、いわゆるキツい状況に追い込まれます。このキツい場面で、気持ちの部分がとても影響してきます。他の競技などであれば、練習の中でこの「心」の部分はもちろん影響はありますが、もっとも影響されるのは試合の場面になるかと思います。

私が行っているボディビル競技の場合は、試合当日のメンタルは結果にほとんど影響しません。逆にこのメンタルが、日々のトレーニングにもっとも影響を及ぼします。

トレーニングにおいて、これらのバランスが取れれば、最短で結果を出せるはずです。トレーニング系のSNSなどでは、「技」や「体」の部分に関する情報は多く見受けられますが、「心」の部分の重要性をアドバイスする情報はほぼありません。「心技体」のバランスを整え、日々のトレーニングに生かしてください。

その「疲労」は本物なのか

疲労の感じ方にもいろいろありますが、ここでいう「疲労」とは「身体がだるい」や「身体が動かない」などの肉体的疲労のことです。私の経験上、肉体労働をしていた時代が長く、重い足取りでジムに向かう日々が長年続きました。しかし、ジムに到着してトレーニングを始めると、いつも同じようにハードにトレーニングができました。冷静に考えると、本当にジムに向かう前に身体が疲れていたのかと、そんな疑問を抱くことも多々ありました。

実際に疲れを感じているときに、思わぬ嬉しい話が舞い込んだりすると、一気に疲れが吹っ飛ぶものです。こうして考えてみると、身体が疲れていると感じていても、実際は脳が疲れているのではないかと疑ってしまいます。

眠気に関しても、同じようなことがよくあります。眠い状態でジムに行くと身体が動かないように錯覚しますが、実際にトレーニングを開始すると眠さなど吹き飛び、いつも通りの調子でトレーニングができます。身体の疲れと脳の疲れを自分なりに判断し、継続してトレーニングを行っていきましょう。

そもそもトレーニングを行っていたら、疲労は少なからず溜まってくるはずです。この疲労を回復させるために身体が強くなり、回復力が上がるようになります。トレーニングに見合った栄養と休息（睡眠）をバランスよく取りましょう。

私はよく「根性がある」と言われますが、若いころは他の周りの選手たちより休みを頻繁に取っていました。これは身体の疲労をとるのはもちろんですが、精神的な疲れをとるのが第一の目的でした。

具体的には、週6日のトレーニングサイクルを5回まわし、その後1週間は完全にジムに行かないオフを取っていました。1週間、完全にオフを取ることで身体をしっかりとリフレッシュできますし、何よりも「トレーニングしたい」という気持が強くなり、休み明けからのトレーニングのパフォーマンスが明らかに向上します。私の例は極端かもしれませんが、オンとオフをうまく計画的に取り入れていくことをおすすめします。

何歳から始めても筋肉はつく

何歳から始めようと、それまでトレーニングをしていなかった人がトレーニングを始めると、身体は必ず変化します。始めた年齢にもよりますが、トレーニングのキャリアの浅いうちは伸びしろが多いので、年齢に見合ったトレーニングレベルの上げ方を見つけるとよいでしょう。私の場合で例えると、10代20代のころに行っていたトレーニングを、現在の50歳という年齢で同じことを行えば必ず怪我をします。リスクを最低限に抑えて、しかし筋肉への刺激は常にレベルを上げていく、もしくはレベルを落とさないというその年代に見合ったアプローチが必要です。

おすすめのトレーニング方法としては、10代20代の若い時期は重量をしっかりと伸ばしていくトレーニングをし、40代50代の方はある程度の回数（10回から15回くらいをフォームを崩さずにできる重さ）で行うとよいでしょう。怪我のリスクを避けたければ、関節への負担が少ないトレーニングをおすすめします。

具体的には、「ネガティブ動作」と「ボトムでの切り返し」になります。スクワットで例えると、下ろしていく段階で負荷が抜けることなく一定のスピードでボトムまでしゃがみ、そこで弾みをつけて切り返すのではなく、一旦ストップしてから一気に立ち上がるイメージになります。立ち上がるときは丁寧にゆっくりと上げようとすると、パワー発揮ができず、トレーニング強度が落ちてしまいますので気をつけましょう。

怪我をしないために

トレーニングでは、より重たいものを持とうとする気持ちは絶対に必要です。トレーニング初心者のころは、種目や部位にもよりますが、伸びしろがたくさんあります。重量を求めていく段階では、ある程度の関節の痛みなどは避けられない場合もあります。個人差もありますが、怪我をしやすい部位や古傷があり常に動作が不安な種目などは、怪我や痛みが原因となり、今以上の重さを求めいくことが困難になることもあるかと思います。

こうした場合、トレーニング強度をどのように上げていけばいいのか、迷うことでしょう。

ここでおすすめの方法を紹介します。

例えば、現在ベンチプレスを80kgで10回行っているとします。その10回が「なんとか10回を挙げられる」という感覚の場合、同じ80kg10回をより丁寧に下ろし、効かせる感じを今まで以上に強く持っての10回をこなせるようになれば、トレーニング強度は間違いなく上がっています。

このように同じ重さ、同じ回数でトレーニングを行っていたとしても、それをより効かせながら行えるようになれば、筋肉の成長は期待できます。

私はトレーニングにおいて、メンタルの部分はとても大事だと思います。ただ、この「メンタル」というのは、痛みを我慢していつも通りのトレーニングをしよう、などという根性ではありません。怪我や体調不良などは絶対に無理をせず、いかに早くベストなコンディションに戻すかを考えてトレーニングすべきです。

痛みがあるからといって、重さを軽くして、できる範囲でトレーニングするのであれば、痛くない種目に変えるか、もしくはトレーニングを休むほうが賢明です。痛みが気になり躊躇したりしていては、それではやはり「ただの運動」になってしまい「トレーニング」とは言えません。

私は35年近くハードにトレーニングを行ってきましたが、現在、大きな怪我はまったくありません。これはトレーニングを続けながらも、うまく怪我への対策を行ってきた賜物だと自負しています。

筋肉にはハードに
関節には優しく

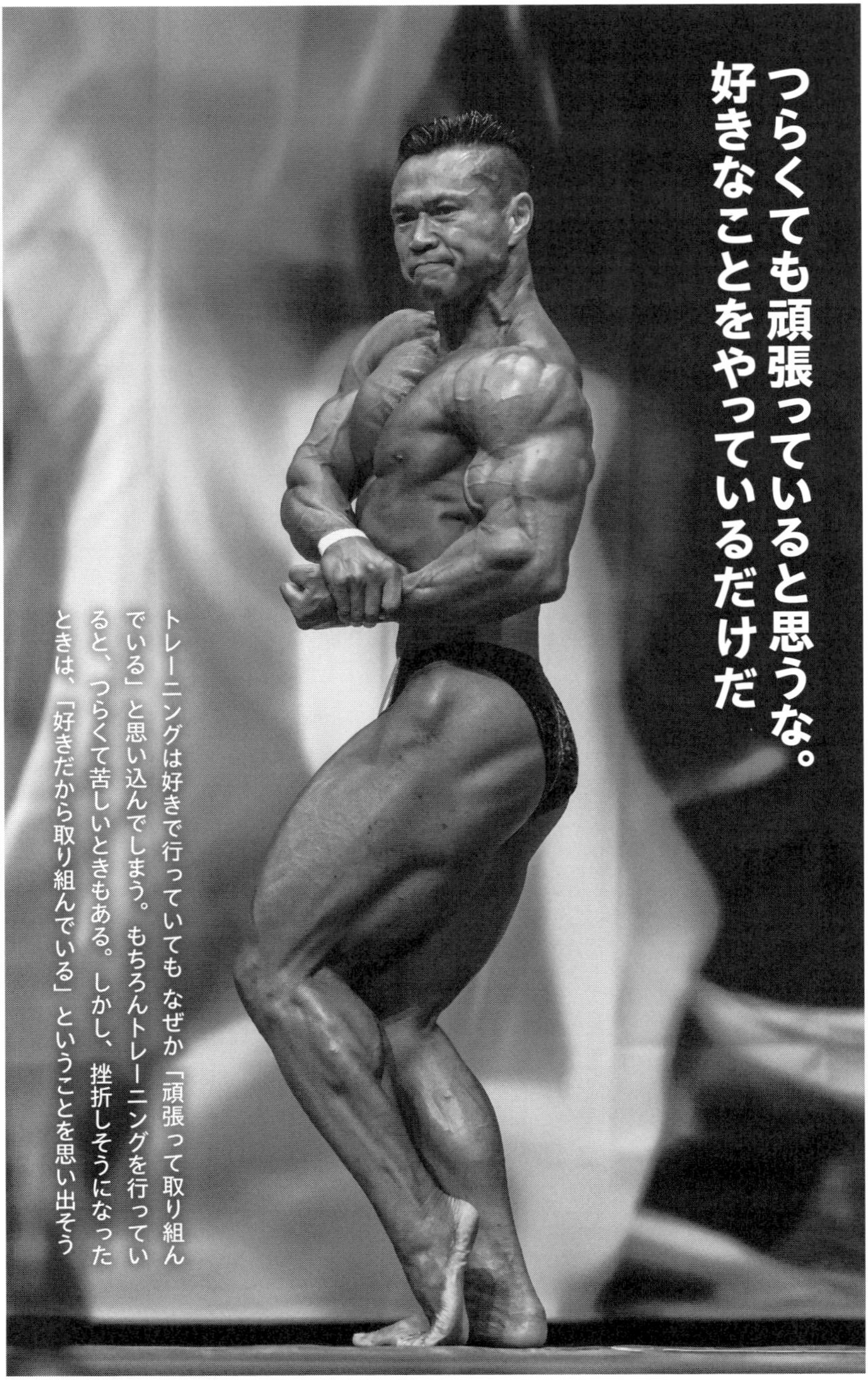

つらくても頑張っていると思うな。好きなことをやっているだけだ

トレーニングは好きで行っていても なぜか「頑張って取り組んでいる」と思い込んでしまう。もちろんトレーニングを行っていると、つらくて苦しいときもある。しかし、挫折しそうになったときは、「好きだから取り組んでいる」ということを思い出そう

第6章

中級者以上は挑戦してみよう！

スミスマシンスクワット

動画はコチラ！

ターゲット部位 ▶脚、臀部

▶足幅について

OK

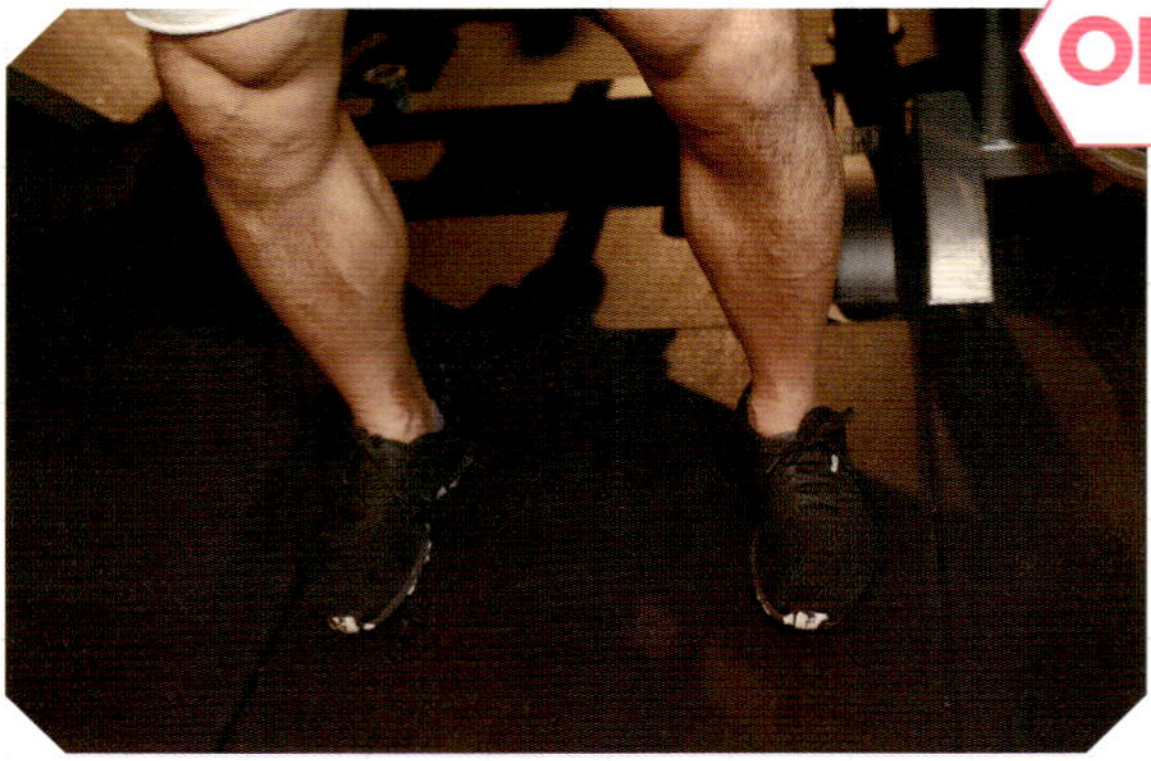

他の脚のプレス種目同様、スミスマシンにも「大腿部のつけ根」「膝周り」と狙いによってフォームを変えることができる。ここでは「大腿部のつけ根」を狙ったフォームを紹介。足幅は腰幅よりもやや広めを基準にする

足はバーの真下ではなく、少しだけ前に出す。目安としてはバーの真下からシューズ１足分ほど

NG

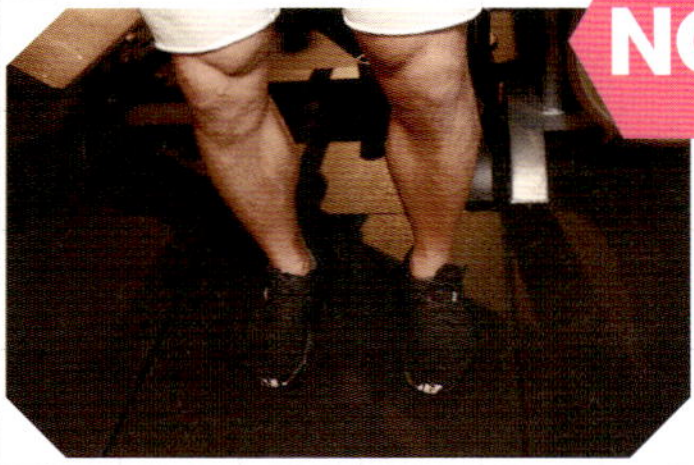

足幅が狭すぎるNG例。狙いたい「大腿部のつけ根」の動きよりも膝周りの動きが優位になる

NG

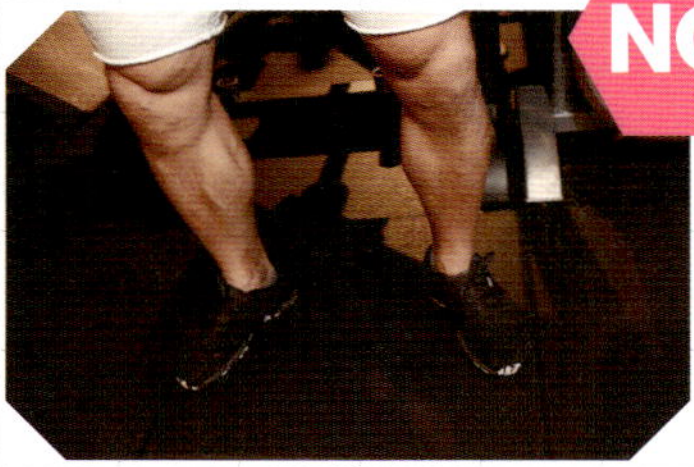

つま先を開きすぎたNG例。つま先は軽く広く程度で十分

基本的な動作

スタートポジションでは肩甲骨を寄せ、胸を張るイメージ。骨盤の前傾をキープしながらしゃがんでいき、ボトムでは必ず一旦動きを止め、大腿部の中央からつけ根にかけてしっかりと負荷をのせる。息を吸いながらしゃがむことで、ボトムで完全に止める余裕ができる。吸ってからしゃがむと呼吸が苦しくなり、ボトムで止めずに立ち上がってしまいがちになる

▶立ち上がるときは

ボトムで完全に停止して、大腿部の中央からつけ根にかけてテンションを感じたら、そこから立ち上がる。可能ならば立ち上がったときは膝を伸ばし切らず、すぐにしゃがむ動作へと移行する。イメージとしては、しゃがんだポジションでできるだけ長い時間を保つトレーニング。とても動作をイメージしづらいと思われるので、動画も参考にしていただきたい

NG

みぞおちを上げたり下げたりしない。どちらかと言えば、しゃがむときに背中が丸まりがちになるが、このトレーニングの場合は常に胸を張るイメージで行う

▶足のどこで重さを受けるか

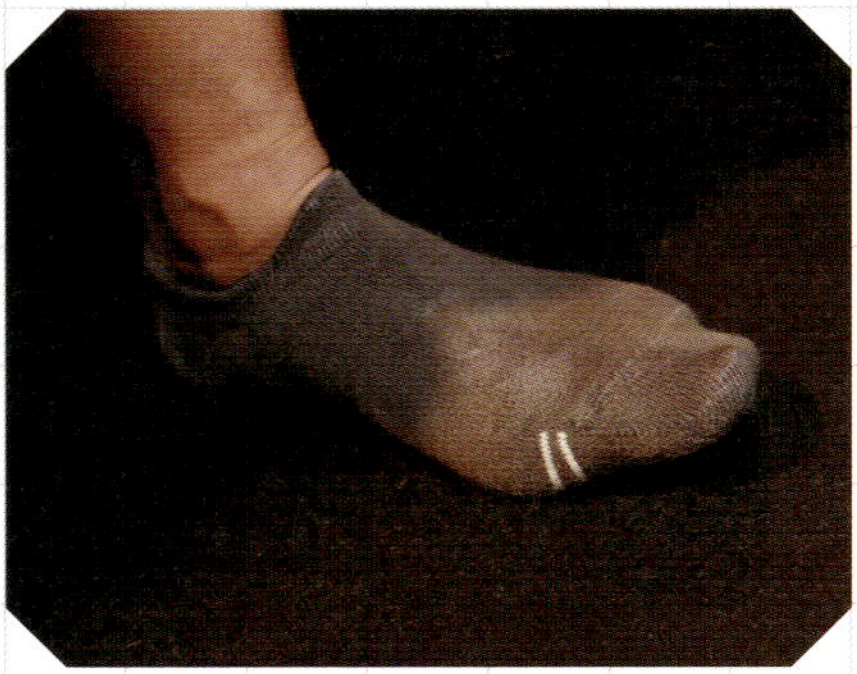

つま先で押すのではなく、ややカカト寄りのところでつねに重さを感じる。私の場合は写真のように、シューズの中で常に足の指が浮いた状態を作っている

背中を丸めない

ボトムで背中が丸まると、骨盤の前傾が崩れ、大腿部のつけ根から負荷が抜け、膝周りに負荷がのってしまう。また、深くしゃがみすぎても、骨盤の前傾が保てないため注意したい。常に骨盤の前傾をキープしながら動作を行う

バーに寄りかからない

足を前に出しすぎてバーに寄りかかってしまうNG例。足を前に出しすぎると膝の角度が浅くなるため、大腿四頭筋への負荷ののりが緩くなる

ハックスクワット

ターゲット部位 ▶脚、臀部

動画はコチラ!

膝周りを狙う場合

足幅はシューズ１足分ほどの間隔で、つま先はまっすぐ前に向ける。ややアゴを引き、お腹を締めた状態をキープしてしゃがむ。顔と膝を近づけていくイメージで動作を行う

▶足幅について

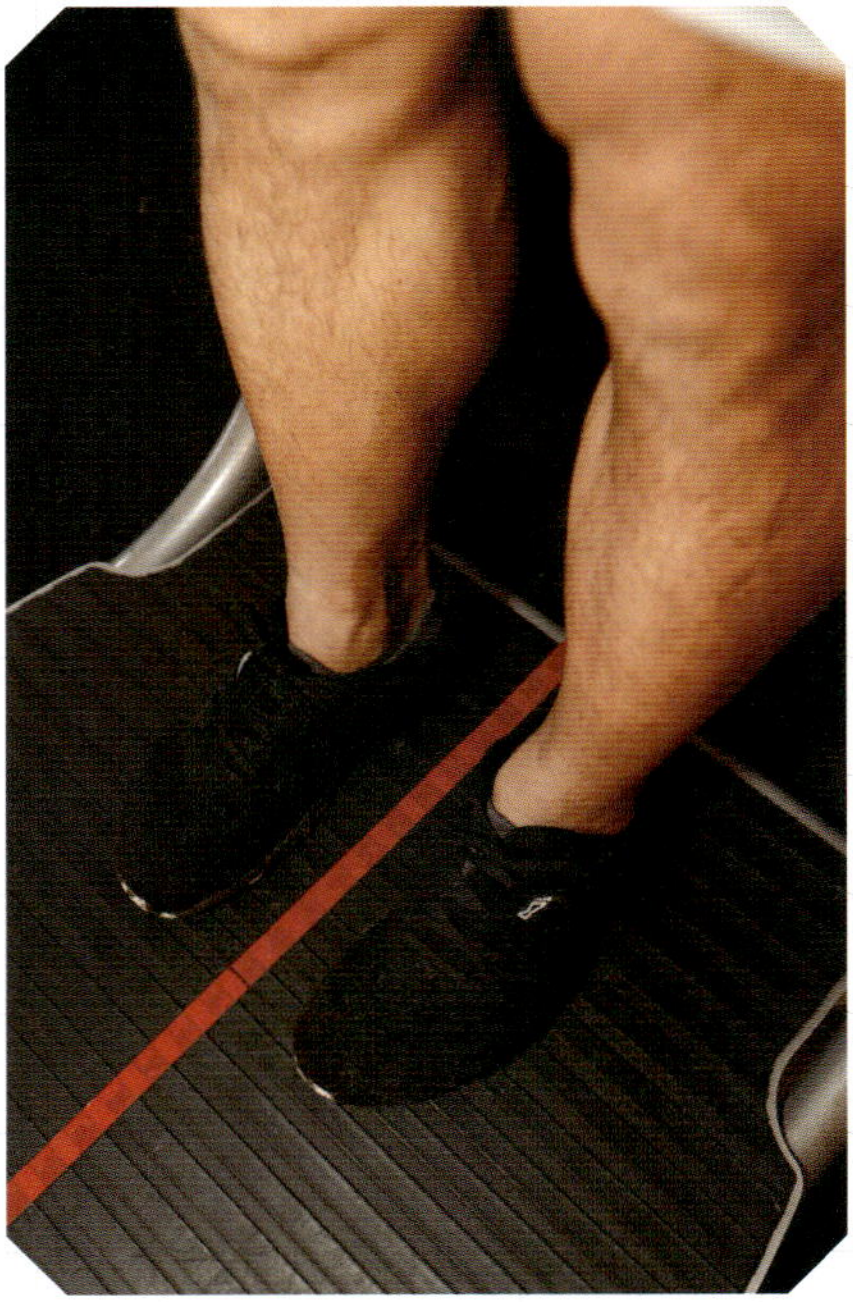

膝周りを狙う場合は狭い足幅で。私の場合はシューズ１足分ほどの間隔

▶重心の位置

重心はカカトではなくつま先寄りだが、カカトが浮いてしまうのは避けたい

▶足の位置

足をフットプレートの上のほうに置くとボトムポジションで膝の角度が緩くなり、大腿四頭筋への負荷が減る。かと言って、置く位置が下すぎると極端にカカトが浮いてしまうためＮＧ

大腿部のつけ根を狙う場合

足幅は腰幅程度。胸を張り、骨盤の前傾を意識する。
その姿勢を維持したまま、しゃがんでいく

▶足幅について

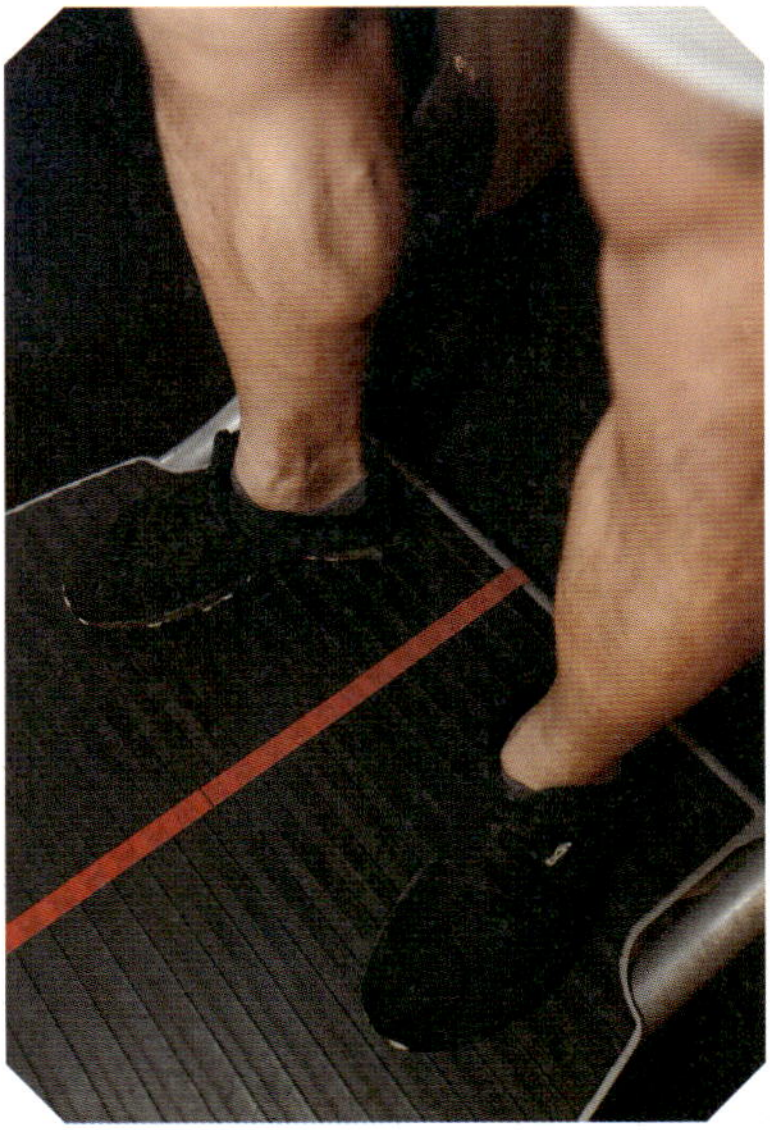

大腿部の上部を狙う場合は、足幅は腰幅程度に開く。重心はつま先ではなくカカト寄り

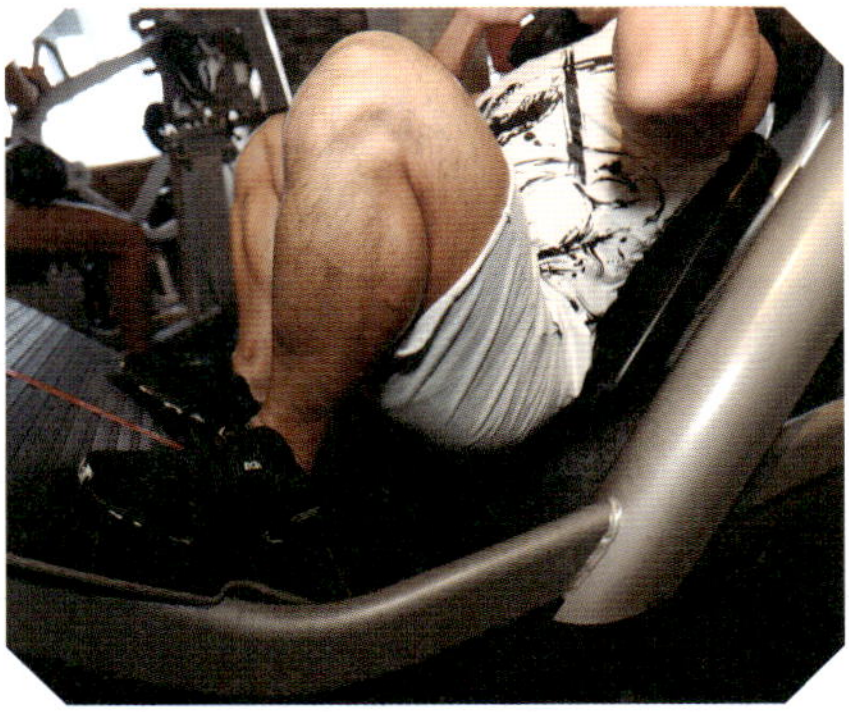

膝周りを狙う場合はしゃがんだときに膝は開かないが、大腿部のつけ根を狙う場合は、個人差はあるが骨盤を前傾してしゃがみやすいようにつま先の開きを調整する

上半身のフォームの違い

大腿部のつけ根を狙う場合

肩甲骨を寄せて胸を張り、骨盤の前傾を意識する

膝周りを狙う場合

お腹を締めてアゴを引く

ワンハンドダンベルカール

動画はコチラ！

ターゲット部位 ▶ 上腕二頭筋

この種目のメリット

腕を交互に上げるダンベルカールは片方の動作を行っている際にもう片方の腕は休んでいるので無駄が多く、また握力も疲労してしまう。おすすめは片方の腕だけで集中して動作を行い、ダンベルを持ち替えてもう片方の腕を行う方法。短時間で腕に無駄なく刺激が入る

基本的な動作

ベルトを巻き、体幹をしっかりと安定させる。実施しない方の手はベルトに添える。手のひらを正面に向けた状態でダンベルを持つ(写真では撮影の都合上、ベルトを外している)。スタートポジションではダンベルは腿の横にくる。直立して行うとダンベルが腿に当たるので、ダンベルを持った側、写真の場合は右に少し重心を傾けて、右腕が床に垂直になる状態で立つ。肘を軽く曲げて、手首は軽く掌屈し（軽く内側に入れる)、肘を中心とした円軌道でダンベルを挙げて、ゆっくりと戻す

肘を中心とした円軌道を意識し、全身を使って一気にダンベルを巻き上げる。つらくなってくると親指を上にして動作をしたくなるが、つねに手のひらを正面に向けた状態を意識する

後ろから振り上げない

写真のように、後ろから振り上げるのはNG。遠心力が強く働き、負荷が抜けた状態でダンベルが挙がってしまう。スタートポジションよりダンベル及び肘を後方に引く動作は使わない

ワンハンドダンベルカール

ダンベルを挙げる位置について

スタートポジションで上体を前傾し、肘と手首のポジションをしっかりと作る。フィニッシュではダンベルの内側が軽くアゴに触れるように挙げるとよい

インクラインリアレイズ

ターゲット部位　▶三角筋（リア）

動画はコチラ！

スタートポジションの作り方

30度ほどの角度のインクライン台を使用する。お尻は浅めにベンチに置き、足でしっかりと床を踏ん張る。下側の腕は肘が動作の邪魔にならないようにする

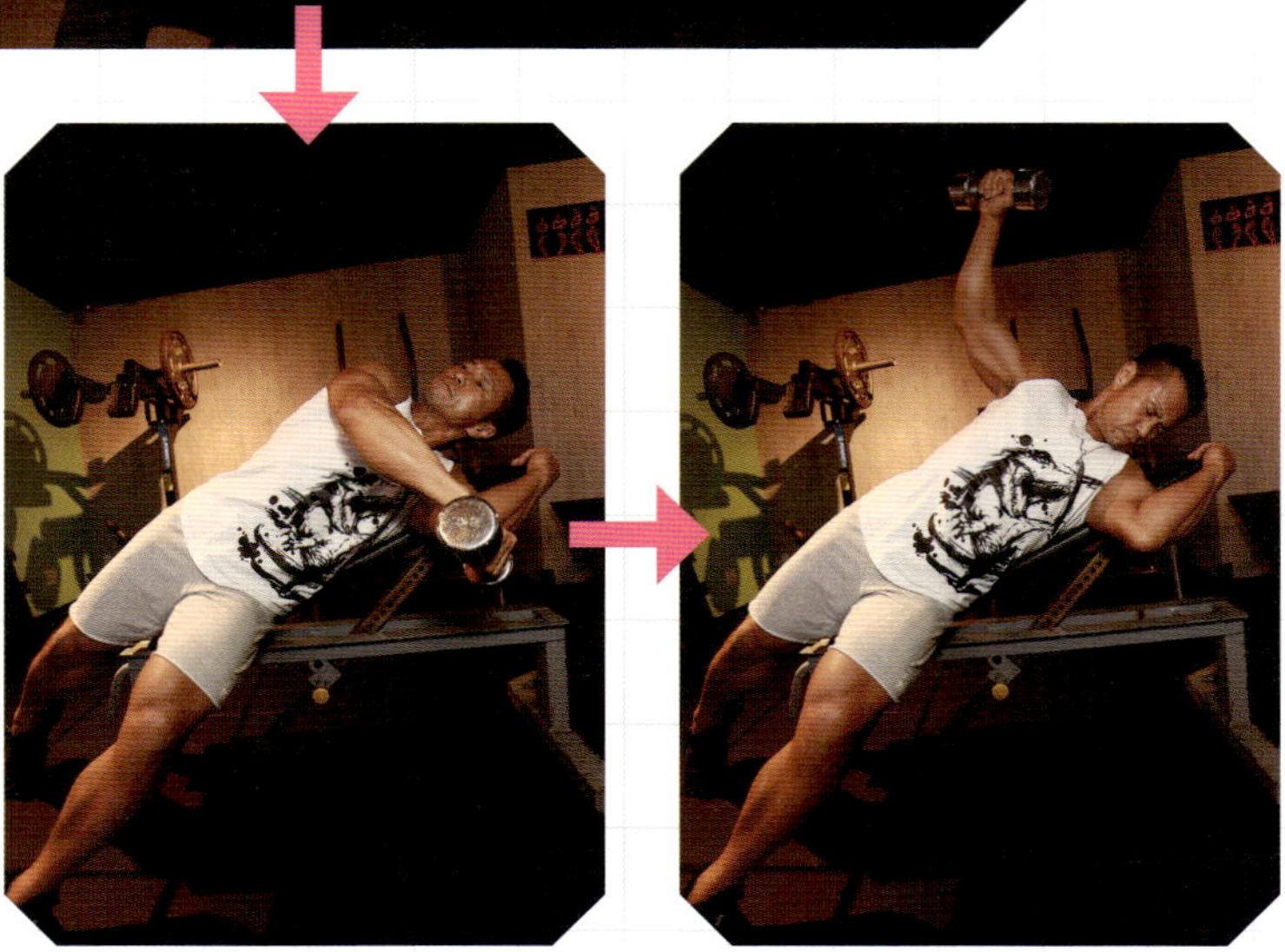

小指が上になるようにダンベルを持ち、床に対して垂直に動作する

基本的な動作

ストレッチでしっかりと負荷を受けたいので、ダンベルを下ろしていく際に身体がついていかないよう、残したまま下ろす。上腕が床と平行になるよりも少し下がった位置で三角筋後部にもっとも負荷がかかる。そこからストレッチをしっかりと感じ、挙上していく

軌道とダンベルの向き

ダンベルは小指が上にくるように保持する。軌道は床に対して垂直方向上では負荷が抜けるので、収縮を無理に感じる必要はない

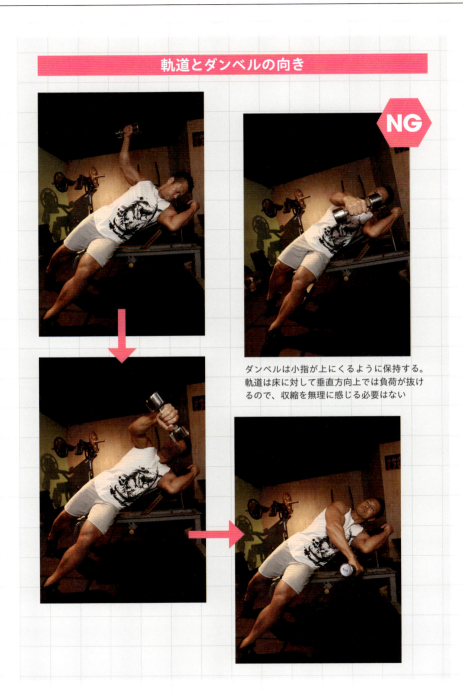

下ろすときは身体を残す

OK

もっともテンションがかかる上腕が床と平行になるよりも少し下がった位置では顔を上に向けて身体を後ろ側に残す。ここで三角筋後部にしっかりとストレッチをかけられるのがこの種目のメリット

NG

下ろすにしたがって身体が一緒についていくと、ストレッチで負荷が抜けてしまう。挙げたところでは、ダンベルトレーニングの特性上、負荷がかからないので、どこのポジションでも負荷がかかりにくい曖昧な種目になってしまう

収縮を意識したい場合

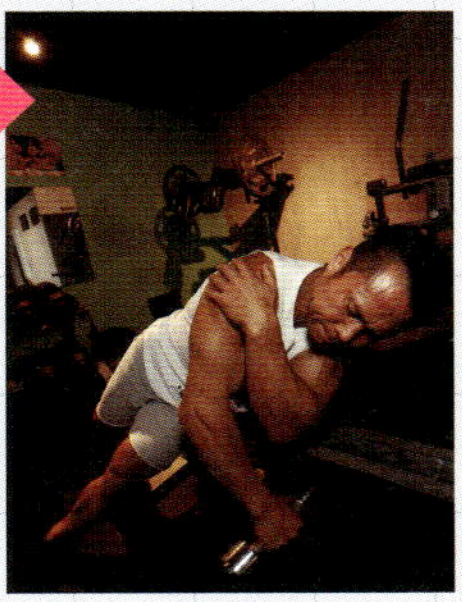

通常のフォームでは収縮では負荷が抜けるが、あえて収縮を意識して行う場合は身体を下に向けたまま動作を行う

ベントオーバーロウイング

動画はコチラ!

ターゲット部位 ▶広背筋

基本的な動作

前傾姿勢を保ったまま背中の筋肉を動かすという非常に難しい種目。この種目ができるようになると背中の種目における身体の使い方の理解が深まる。お尻、ハムストリング全体で身体を支持して前傾姿勢をキープしたまま、肘を身体の斜め後ろに引くイメージでバーベルを引きつける

▶足幅について

スタンスは骨盤の幅から少し広いくらい。つま先は前を向ける

つま先が開いたNG例。つま先が開くとハムストリング、お尻で踏ん張りにくくなる

足幅が広すぎるNG例と狭すぎるNG例。広すぎても狭すぎても、ハムストリング及びお尻が使いにくくなる

身体を前に突っ込ませない

重心はスタートポジションでは足裏全体で支え、バーを
引いたときに身体がやや伸びるようなイメージで行う

重心がつま先寄りに移行して、身体が前に
突っ込むような動作になるのはＮＧ

難しい場合は、まずはこれから

お尻とハムストリングで身体をしっかりと支え、プレートをお腹に向かって引きつけていく。ベントオーバーロウイングのフォーム習得が難しい要因のひとつが、膝の位置が邪魔になりバーが真上に挙がってしまうこと。プレートだと膝と膝の間を通すことができるので、前傾姿勢を保ったまま背中の筋肉を動かす感覚が掴みやすい

調子が良いときに「頑張ること」よりも、調子が悪いときに「踏ん張ること」のほうがはるかに大事だ

私自身が競技を通してもっとも学んだことは「踏ん張ること」である。成長するには、調子が良いときもあれば、悪いときもある。調子が悪いときに逃げ出したり投げ出したりせず、なんとか「踏ん張ること」が自分をもっとも成長させる

第7章

究極のダイエット方法

ボディビルダーはダイエットのスペシャリスト

男性でも女性でも、コンテストに出場している人でもいない人でも、この書籍を手に取っていただいている方は基本的にはトレーニングをされている方や、これからトレーニングを始めようとしている方がほとんどだと思います。ここでは「ただ体重を減らす」ということではなく、理想の身体を手に入れるための本質的なダイエットについて解説していきたいと思います。

筋肉は簡単につくものではないということは、これまで説明してきた通りです。第1章でも述べた通り、必要以上の筋肉を身にまとうことは動物にとっては生き延びるためには危険な行為と言えます。コンテストに臨む際、私たちボディビルダーは極限まで筋肉を発達させ、極限まで体脂肪を落とすという、生き延びるためには非常に不利な条件の身体を作ろうとします。

体脂肪は、動物が生き延びる上で最後のエネルギー源になるものです。ある程度の体脂肪がないと、飢餓状態に陥ったときに生き延びることが困難になります。無人島など食料が供給できない状況下にある場合、生き延びることを考えれば、エネルギーを消費する筋肉は少なく、エネルギー源となる体脂肪が多い身体のほうが適しているわけです。

つまり、筋肉量が多い人が、その筋肉量を維持しながら体脂肪だけを落としていくというのは、動物にとってとても危険な行為であると言えます。だからこそ、それを達成するまでの道のりは容易ではありません。

ダイエット最大のテーマは いかに身体が「楽」と感じるか

しかしながら、ダイエットをする上で、筋肉も落ちてもいいという人は、ほぼいないと思います。きれいなボディラインを保つ上でも、できる限り筋肉は残したいものです。また、格闘技などの階級制の競技でも、体重は落としても、筋肉量はできる限り維持したいものです。

そう考えると、ダイエットというものは、体重を落とすことはもちろんですが、体脂肪を落としていくということが絶対条件になります。その「筋肉を極限まで残して、体脂肪を極限まで落とす」ことを追求していくのがボディビル競技です。ボディビルダーと言えば「筋肉をつける」ことのみがフォーカスされがちですが、実はダイエットのスペシャリストでもあるのです。

ボディビルダーが行っているダイエット法は、何も特別なものではありません。夏までに痩せたい人も、健康管理の面でダイエットしたい人も、コンテストで優勝を目指している人も、基本的にはすべての方に参考になるものだと思っています。

ダイエットでは「楽」を追求しよう

「筋肉を増やす」「筋肉を維持する」ためにトレーニングは絶対に必要です。そして、体脂肪を落としていくために必要なのが食事の管理なのですが、この両立がとても難しく、私もかなり苦労してきました。

まず、トレーニングのエネルギー源となるのが炭水化物（糖質）です。一時期は低糖質ダイエットなど炭水化物をほぼ摂らない、または極端に炭水化物の摂取量を減らすダイエット法が流行りましたが、「筋肉を維持して体脂肪を落とす」上でキーとなるのは炭水化物であると実感しています。必要最低限の炭水化物の量を確保することで、トレーニングレベルを落とさず、筋肉量を維持し、体脂肪を落としていくことが可能になります。

私がダイエットをしていく上で最大のテーマにしているのが、「いかに身体が楽と感じるダイエットをしていくか」ということです。これまでの長年のダイエット経験を通して、私が最終的にたどり着いた結論が「炭水化物をより多く摂れるミールプランにする」ということです。

かつて私は、20代後半から40代前半にかけての競技人生の大半で肉体労働に従事しており、トレーニング以外の時間でも身体を酷使していました。じつはその時代のほうが、40代後半になったキャリア終盤の現在よりもダイエット中の炭水化物の摂取量は少なかったです。当時を

無理なくダイエットを進めるために しっかりと余裕を持った計画を立てよ

振り返ると、肉体労働で身体を酷使した上に、その後ジムでハードトレーニングをし、ダイエット終盤にはまたさらにプラスして有酸素運動も行っていました。具体的には、当時はダイエット終盤では1日の白米（炊いた状態）の量で500gほどまで減らしていました。当然、身体やメンタルは悲鳴を上げそうでしたが、若かったこともあり、「ボディビルダーのダイエットはこれくらいキツくて当たり前だ」と思い込んでいました。

なぜそのような低炭水化物の食事内容になっていたのか。振り返ると、異常な量のタンパク質とダイエット中にしてはかなり多いと思われる脂質の摂取が原因と考えられます。当時のタンパク源はおいしさや食べやすさなどから、赤身の牛肉を摂ることが非常に多かったです。牛肉の場合、赤身であってもある程度の脂質が含まれているので、タンパク源

ダイエット中だからといって
トレーニングレベルを落とさない

として大量に摂取することで、自然と脂質の摂取量も増えていきます。すると、トータルの摂取カロリーのなかで、タンパク質と脂質が占める割合が非常に多くなり、必然的に炭水化物の量を減らさざるを得なくなります。

当時の私は、白米の量をさらに減らして、有酸素運動も行わないとなかなかダイエットが進まない体質なんだと思い込んで、長年このような食事内容でダイエットを進めていました。今振り返ってみると、よく耐えていたなと思います。

しかし、ここ数年のミールプランの見直しにより、無駄なタンパク質及び脂質を最低限まで落とすことで、炭水化物のバランスを上げることができ、驚くほどダイエットが楽に進められるようになりました。日常生活の中でのめまいや立ち眩みもほぼなくなりました。また、炭水化物の摂取量が多いことで、基礎代謝が落ちることがなくなり、結果、ダイエットの停滞はほぼなくなりました。

私にとって炭水化物をできる限り多く摂取しながらダイエットする最大のメリットは、ボディビルダーにとってもっとも大事な部分である「トレーニング」がしっかりとできるということです。ボディビルダーのような筋肉量がある場合、トレーニングがしっかりとできていれば、一般の方に比べ体脂肪の燃焼をみるみる進めることができます。過去のつらいダイエット経験があるからこそ、現在のダイエット方法が楽に感じるということもあるかもしれませんが、みなさんもできるかぎり炭水化物を多く摂ってダイエットを進めていくことで、無駄なつらさを経験することもなくなるはずです。

ダイエットに入る前に

ダイエットは、情報を参考にしてそのまま実行していけば結果につながりやすいものだと思います。トレーニングなどの技術や感覚の世界という部分があるものと比べ、ダイエットの場合は食事管理を参考にしていただければ、それほど個人差も出ず、結果につながりやすいかと思います。

私の場合、ダイエットをしていない時期（ボディビル競技で言う「オフ期」）は、一般の方が食するような食事を普通に食べています。揚げ物やスイーツなども制限なく食べています。基本的に「これは絶対に食べない」というものは、嫌いな食べ物以外はありません。一方で、ダイエット期に入ると食事内容をがらりと変えます。

ボディビルダーがオフ期にもっともやるべきことは、筋肉量を増やすことです。ダイエット中ではなく、エネルギーがしっかりと摂れる状態は、パワーも出てトレーニングレベルを上げられます。筋肉量を増やすチャンスです。

筋肉は大量に糖質を消費します。ということは、筋肉を増やすことは、炭水化物を消費する場所を増やすということです。車で言えば、エンジンを大きくするということです。筋肉量を増やしたいのに、体脂肪を増やしたくないからと言って、炭水化物を制限している状態でトレーニングをしていると、筋肉はなかなか増えにくいかもしれません。炭水化物を大量に消費する筋肉を増やしたいのであれば、それに見合った炭水化物の量をしっかりと摂取したいものです。筋肉の材料となるタンパク質ばかりに気をとられず、炭水化物をしっかりと摂取し、筋肉が増えやすい環境を作りましょう。

実際にどれだけの量の炭水化物を摂取すればいいのか、そこには個人差があるかと思います。目安としては、毎月1kgから2kgくらいのペースでゆっくりと体重が増えていくくらいの量がおすすめです。このような状態であれば、炭水化物の量が足りていないということにはならないはずです。脂質の摂取量が多いために体重が増えることが原因で炭水化物の量を制限するというのは、筋肉を増やす上ではもったいないと感じます。極端に体重を増やしたくないときは、脂質の制限を優先的に行い、炭水化物の量はできるだけ多く摂りたいものです。

さて、本題のダイエットについての基本になりますが、「摂取カロリー＜消費カロリー」の状態が鉄則です。消費カロリーよりも摂取カロリーが上回れば体脂肪は増えやすく、消費カロリーよりも摂取カロリーが下回れば体脂肪は減る傾向にあります。ダイエット時に何キロカロリーを摂取するかというのは、性別、筋肉量、年齢、活動量によってかなりの差が出ますが、摂取カロリーが消費カロリーをぎりぎり下回るラインをカロリーとしては把握しておくと、ダイエットの計画が立てやすくなります。

重要なのは「計画」

ダイエットには「計画」がとても重要です。特にボディメイクのコンテストなどに出られる方の場合は、○月○日までに○kg落とすという目標が自然とできます。一般の方のダイエットの場合も、できればいつまでに何kg落とすという、ある程度の目標があったほうが進めやすいかと思います。

推奨するダイエットのペースは、「月にマイナス2kg前後」です。このくらいのペースであれば、身体に大きな負担をかけずに計画を立てられます。10kgのダイエットを進めるのであれば、おおよそ5カ月になります。大会などに出場される場合は、この5カ月に1カ月ほどの余裕を持って、6カ月くらいの計画を立てるのがおすすめです。

10kgを落としたいのに3カ月という計画では、そもそもの計画に問題があります。コンテストに出る方であれば「絞り切れない」ことにもつながりますし、月に3kgや4kgという落とし幅になると体脂肪だけでなく、筋肉まで落ちてしまう可能性もあります。しっかりと余裕を持った計画を立てましょう。

また、初めてのダイエットでは、自分が何kg落せばいいのか、目標値が分からないこともあります。理想の身体や、コンテストに出場するのであればコンテストのコンディションになるまでのダイエット幅をトレーナーやコンテスト経験者に見てもらい、判断してもらうのがおすすめです。きっちり何kg落とすというのはダイエット幅が多いと明確には分かりませんが、おおよそのダイエット幅に対して計画を立てていきましょう。

一般の方のダイエットの場合、設定したゴールに到達したあとの状態が非常に大事かと思います。一瞬、理想の身体になってもリバウンドしてしまうようなダイエットはおすすめできません。目標を達成したあとも、その身体をできるだけ維持できる、無理のないダイエットをしましょう。特に一般の方の場合はトレーニングを習慣化し、筋肉量を長い目で見て増やしていくことで、理想のボディラインを作り、食べても太りにくい体を目指すとよいでしょう。

ダイエットの進め方について

ボディビルコンテストに出ている方の中でも、そのスタンスには大きく分けると2パターンあります。日ごろから年中通して白米、鶏むね肉、ブロッコリーなどの、いわゆる「クリーンな食事」をしている選手と、私のようにダイエット中ではない期間は、一般の方のように「食べたいものを食べる」というスタンスの2パターンです。読者の方の中には、一般の方も多数いらっしゃると思います。よりそちらに近い私のダイエットの進め方を紹介していきます。

まずは計画として、段階を踏みながら、いろいろな「引き出し」を用意して進めていくことをおすすめすます。私もそうですが、日ごろから好きなものを食べている方は、ダイエットに入ってすぐの１カ月間ほどがなりキツく感じるかもしれません。いわゆるダイエット食という、味付けが普段食べていたものとかなり変わり、そのギャップに慣れるまではつらいものです。

急にキツい制限をすると、ほとんどの方が挫折してしまうので、まずは全体の食事の脂質を徹底して取り除いていきます。例えば揚げ物であったり、調理で使う油であったり、素材そのものに入っている脂質に目を向け、できる限りの低脂質食を目指します。

この段階では、糖質の制限などは入れず、脂質の部分で余剰なカロリーを削る段階になります。やってみると分かりますが、脂質の制限は体感として、それほどつらく感じないものです。約１カ月ほどかけて脳や身体を慣らしていくとよいでしょう。

次の段階では、砂糖などの甘いものの制限を意識します。例えば微糖の缶コーヒーを飲んでいる方はブラックコーヒーに替える。また、料理の味付けに砂糖やみりんなどを使っている場合は、そのあたりを制限します。

私の場合はこの段階で甘味料を使用し、カロリーは落とすが味付けは変えないように工夫しています。甘味料に関しては、健康面で不安を感じる方も多いかと思いますが、あくまでの私のやり方です。おすすめしているわけではありません。どうしても甘みを我慢できない方には、私のような方法もあります。

そして、次の段階では１日の糖質量を把握し、糖質の制限をしていきます。「糖質制限」という言葉がありますが、これは誤解されていることが多く、糖質をまったく摂らないことが「糖質制限」だと思われている方もいるでしょう。これまで述べてきた通り、ダイエットでは炭水化物は絶対に必要です。ただ、その量をコントロールするということです。

私の場合、ダイエット終盤の１日の白米の量は８００gほどになります。これが、もっとも糖質制限をしたときの量になります。ダイエットの前半は１２００gほどからスタートし、徐々に制限をして８００gに落としていきます。この数字だけをみると、糖質制限をしているとは思えない量かもしれませんが、これくらいの糖質量でも問題なくダイエットは進みます。「糖質制限」というとケトジェニックダイエットなどを連想する方が多いかもしれませんが、まったく違います。

そしてその後、最終手段として有酸素運動を取り入れます。ダイエットは、停滞することが当たり前だと思っていいものです。そこで焦る必要はまったくなく、停滞をきっかけに次の段階の制限に入れば問題ありません。

問題になるのは、次の段階の引き出しが何もなくなるということです。ダイエット前半からギリギリまで糖質を制限し、有酸素運動も取り入れるという方法を取ってしまうと、停滞した際に頭打ちになってしまいます。停滞すること自体を計画に入れてダイエットを進めていきましょう。

私の場合、停滞の目安は、１週間前の同じ時間帯の体重との間に変動がなければ停滞したと判断しています。おすすめは起床後、トイレを済ませ、すぐに計ることです。１日の中でも体重が変化しますので、できるだけ同じ時間帯で計ることをおすすめします。

毎日のように同じ時間で体重を計っていると、1週間の中でも体重が増減することが分かると思います。ダイエットは安定して落ち続けるわけではなく、増えたり減ったりを繰り返しながら、じわじわと進んでいきます。一時的な体重の増減は多くの場合、身体のむくみや便通などによるものだと考えられます。1日の増減に一喜一憂せず、短くても1週間の周期で体重の増減を判断していきましょう。

私の場合、月曜日に脚のトレーニングを行います。脚のトレーニングは身体にとってダメージがとても大きく、その後、2日から3日間は体重は増えます。火曜日、水曜日と体重が増え、木曜日から週末にかけて体重が落ちていく傾向にあります。

炭水化物の量について

ダイエットの鉄則は、体脂肪が落ちるのであれば、できる限り摂取カロリーが多い状態にすることです。身体も楽ですし、トレーニングをしている方はトレーニンレベルが落ちず、筋肉量もキープできます。また、スタートのカロリーが高ければ高いほど、落としていくときの落とし幅をたくさん作ることができます。自分の身体が、1日に何キロカロリー摂取すると体重が増え、何キロカロリー以下にすると落ちるかの、そのラインを見つけることがダイエットにとっては非常に大事です。

まずは糖質の制限を考える前に、タンパク質と脂質に目を向けましょう。1日のタンパク質量に関しては、上限として女性の場合1kgにつき1・5g、男性の場合は1kgにつき2・5gほどと考えています。脂質に関しては個人差がありますが、私の場合は1日30gほどをキープします。

特にタンパク質に関しては、「たくさん摂る」ということにはほぼメリットがないと思います。エネルギー源にもなりにくいため、タンパク質を摂りすぎてカロリーを稼いでしまうと、糖質と脂質から摂取できるカロリーの許容量が少なくなってしまうので、もったいないと感じます。

基本的にはダイエットは、現在摂っている摂取カロリーをベースに考えていきます。私の場合はタンパク質と脂質は増減させず、常に同じレベルにしています。最低限のタンパク質と脂質を摂取し、余ったカロリーはすべて白米から摂るようにしています。

必要最低限の量のタンパク質と脂質をキープしたら、まずは残りの糖質を「やや多いかな?」というレベルから試すとよいでしょう。その量でまずは様子を見て、2週間ほど体重の増減を観察するとよいでしょう。そこでまったく変化がなければ、摂りすぎていると判断できます。体重が増えも減りもしない量よりもやや少ない糖質量を早い段階で見つけ出し、ダイエットを楽に進めましょう。簡単に言えば、「摂取カロリー<消費カロリー」が成立するギリギリの量です。

糖質のスタート量が決まれば、そこから先は、段階を踏んでその糖質量をじわじわと落としていきます。体重が落ち始めると、欲が出て「もっと早く落とそう」という気持ちから、さらに糖質を減らしたくなるものです。体重が落ちている間は摂取量を変えず、止まるまで待ちましょう。

段階的に糖質を減らしていくと、「どこまで減らしていくのか?」という疑問が出てくるかと思いますが、基礎代謝を下回るようなカロリーまで落とすことはおすすめしません。トレーニングをしている方であれば、明らかにトレーニングレベルが下がってしまうところまでは落とさないようにしましょう。

私が思っているダイエットを一番すんなりと進めるコツは、トレーニング量やレベルを変えないということです。強度を落とさないようにすることで、筋肉量を維持し、代謝を落とさずダイエットを順調に進めることができます。そのためには糖質の摂取が必要となります。

ダイエットが進まない原因

ダイエット中に摂取カロリーが基礎代謝を下回っているにも関わらず体重が落ちないというのは、冷静に考えて見直す必要があります。代謝がかなり落ちている可能性があるので、食事量を見直しましょう。ダイエットが進まない理由は、簡単に言えば「食べすぎ」、または「食べなさすぎ」が原因です。食べすぎている場合は、対応が簡単です。しかし、「食べなさすぎ」というのは、なかなか対応しづらいものです。

多くの方が、ダイエットが進まなくなったときに取る手段として、「もっと摂取カロリーを減らそう」「もっと消費カロリーを上げよう」と思うものです。一時的にはいいかもしれませんが、基礎代謝を下回る摂取カロリーで長期間ダイエットを進めることはおすすめしません。

基礎代謝以下でも、ダイエットが停滞してしまっている方におすすめの方法を、2つ紹介します。まずは糖質量を一度グッと上げる方法です。基礎代謝が1500キロカロリーの方であれば、2000キロカロリーに及ぶくらいまで糖質の摂取量を上げてみましょう。これも1日だけではなく、3日間ほど上げると有効です。

もう一つは、摂取カロリーは基礎代謝程度まで上げ、消費カロリーを一度減らす方法です。簡単に言えば、食事は基礎代謝量くらいにし、トレーニングを3日間ほど完全にオフにすることです。

このように「摂取カロリーを上げる」、もしくは「身体を完全に休める」といった方法で一度、身体をリセットしましょう。

ここから先は、糖質制限の中でも停滞を防ぐためのテクニックを紹介します。糖質量が多い段階ではあまりこのテクニックは使いませんが、もうこれ以上落とすとトレーニングに支障が出るレベルにまできたときに使うテクニックです。

例えば1週間、1日に500gの白米を毎日食べているとした場合、「500g×7日」で3500gになります。ここで増減をつけ、身体にある種の変化を与えます。1週間に「3500g」という数字は変えず、曜日によって多い日、少ない日を作ります。例えば月曜日600g、火曜日600g、水曜日500g、木曜日500g、金曜日500g、土曜日400g、日曜日400g、といった具合です。もっと極端に800g、200gといった日を作っても構いません。その場合は脚のトレーニングの日は８００g、トレーニングオフの日は２００g、という感じでトレーニングの強度によって割り振るのもいいでしょう。

有酸素運動の取り入れ方

そして、私の場合、最終手段で取り入れる「最後の引き出し」が有酸素運動です。段階としては食事制限を徐々に行い、摂取カロリーが最低レベルになった時点で、そこにプラスするかたちで有酸素運動を取り入れます。

多くのみなさんがダイエットを始めようとすると、すぐさま有酸素運動を取り入れるイメージがあるかと思いますが、有酸素運動は時間も体力も消耗するので、できれば行わないほうがよいでしょう。有酸素運動を取り入れると、その後も継続して有酸素運動を行うことになります。そのため、食事制限でダイエットを完結させられるのが理想的だと言えます。

有酸素運動はもちろん体脂肪を燃やす目的で行いますが、先ほど述べたように摂取カロリーを最低限まで制限しているので、言い換えてみれば「食べずに歩く」ことになります。これは、人間の環境に適応する能力が作動してしまうと、「食べなくても歩ける身体」へと進化することになりかねません。具体的には、歩くときに多く使われる脚の筋肉を減らしたりするなど、歩いても極限カロリーを消費しない身体になるイメージです。それはすなわち、「代謝が落ちる」ということです。

有酸素運動は効果が出ていれば、もちろん続けてもいいですが、歩いても歩いても体脂肪が減らないようなら、行う意味がなくなってしまいます。1時間歩いていても効果が出ないのならば、2時間に増やそうとするのが一般的な考え方でしょう。しかし、増やしたところで効果が出るわけではありません。

また、これは私が肉体労働時代に痛感したことですが、身体にとっては習慣化されている「仕事」という時間では、なかなか体脂肪は燃やされません。肉体労働は、言い換えてみれば有酸素運動です。一日中有酸素運動（肉体労働）をしているからといって、体脂肪がどんどんと減っていくということはありません。

体脂肪は人間の身体にとって、とても大事なものです。毎日の仕事で体脂肪が燃やさてしまうと、身体は危険な状態になってしまいます。有酸素運動も同じようなことが言えます。習慣化してしまうと、そういった現象が起きやすくなります。有酸素運動を取り入れる際は、短期間で行うことをおすすめします。

また、私の体感では、1時間を通して歩くより、30分を2回に分けることや、日によって歩く時間帯を朝にしたり夜にしたりと、時間をランダムにして行うことがすすめです。ウエイトトレーニングの世界では、トレーニング後にすぐさま有酸素運動を行うと効果が出ると言われています。これは、トレーニングで糖質が消費されたエネルギーがない状態で歩くことで、体脂肪の燃焼が促進されるという考えからきています。

私も、トレーニング後に有酸素運動を行うというパターンで競技生活の大半を過ごしました。しかし、キャリア後半のここ数年はトレーニング後の有酸素運動は避け、それ以外の時間帯にできるだけ分散して行うようにしました。それによって、かなり体脂肪が燃焼される感覚が上がりました。

この方法に至ったのは、食事制限下ではトレーニングをハードに行えば、自然と体脂肪が燃焼するという考えです。ですから、今までトレーニング直後に行っていた有酸素運動を別の時間帯で行うことで、より体脂肪が燃える時間帯が増えることになります。夜にトレーニングをしている方は朝に、お昼にトレーニングをしている方は夜に有酸素運動を行うなど、トレーニングと時間帯をずらすことで1日に2回、体脂肪を燃やす時間を作ることができ、より体脂肪の燃焼を促すことができます。

実際に私が行っている有酸素運動は、室内で行う場合はランニングマシンで傾斜を2％、速度は時速6㎞前後で行います。これによって脚の疲労も少なく抑えられ、適度に心拍数が上がり、体脂肪が燃えやすくなります。

カロリー消費だけ考えれば、マシンの傾斜をマックスまで上げ、速度を落として歩いたほうがカロリー消費は増えます。これは有酸素運動というより、軽い脚の筋力トレーニングになってしまいます。脚の筋肉が疲労し、脚のトレーニングにも支障が出ます。毎日続ければ、かなり脚の疲労が蓄積されていきます。

このような理由から、私の場合はできるだけ脚が軽やかに動き、脚の疲労を最低限に抑えられるように行います。個人的にはジムのマシンよりも、屋外での早歩きの散歩が好きです。一日の大半を屋内で過ごす私にとっては屋外に出ることでストレス発散にもなり、いい気分転換にもなります。通勤で、電車を使われている方などは、一駅前で降りて歩いて帰るなど時間を有効に使い、日常生活の中に有酸素運動を取り入れるとよいでしょう。

燃焼系サプリメントは摂るべきか

私はダイエット中はマルチビタミン・ミネラルなどのサプリメントは積極的に摂るようにしています。減量中は食材が限定されて、メインとする栄養以外の付随されるビタミン・ミネラルなどが偏ってきます。そのためマルチビタミン・ミネラルのサプリメントは必須となります。

そのほか、大事にしているサプリメントは電解質です。トレーニング中に電解質パウダーを摂ることで、筋肉の動きがよくなり、トレーニング中に筋肉が攣るなどの減少も減ります。

ダイエットに関して言えば、基本的にはサプリメントには頼りません。脂肪燃焼系のサプリメントは、体脂肪が多い状態のほうが反応しやすいと言われています。食事制限をしていく中で自然と体脂肪が落ちていけば、燃焼系のサプリメントに頼る必要はなくなります。

また減量中は疲労が蓄積されたり、睡眠が浅くなったりする傾向があるので、リカバリー系のサプリメントは積極的に摂取します。亜鉛やマカなどの成分が入ったサプリメントです。こうした栄養素はなかなか食事からはしっかりと摂ることはできません。サプリメントのチョイスに悩んでいる方は、食事から摂取できるタンパク質やアミノ酸などのサプリメントよりも、このような普段の食事からはなかなか摂取できない栄養成分のはいったサプリメントを優先して摂取することをおすすめします。

ボディビル歴30年でたどり着いた究極のダイエット法

では最後に、私が２０２３年度のシーズンから行ったダイエット法を、ここで紹介します。今回解説する方法は、実践すればかなり効果は出るかと思います。しかし、食べるものがかなり限られてきます。ダイエット初心者の方はストレスが溜まるかもしれませんので、参考程度に目を通してください。

これは私が30年以上ダイエットを繰り返してきて、たどり着いた究極の食事内容です。まず、主な食材は「白米」「鶏の胸肉」「ブロッコリー」「ＭＣＴオイル」、この４つになります。この方法のメリットとしては、食材が限られているのでカロリー計算がとても簡単です。

例えば、タンパク質を魚や牛肉から摂取すると、そこに含まれる脂質の量には個体差があります。それによってカロリーも毎回、変化してきてしまいます。また、糖質を白米ではなくサツマイモから摂取すると、こちらも個体差があり、糖質の量が完全には安定していません。

このあたりの細かな誤差をできる限りゼロに近づけるために、このような食材のチョイスになります。タンパク質に関しては、ノンオイルのツナ缶もおすすめです。こうして食材を限定することで、ＰＦＣバランス及びカロリー計算が非常に正確にできるようになります。

30代から40代前半のころの私は、タンパク質をほぼ牛肉の赤身から摂取していました。それ以外にも全卵、納豆、豆腐、プロテインなど、様々な食材からタンパク質を摂取していました。

また、１日のタンパク質摂取量は体重１kgにつき４から５gと大量でしたので、その量のタ

「筋肉を極限まで残して、体脂肪を極限まで落とす」ボディビル競技のダイエットはすべての方に参考になるもの

ンパク質を摂取するために、多くの脂質も摂取することになります。PFCバランスで言うと、「P（タンパク質）」と「F（脂質）」が総摂取カロリーの大半を占めることになります。「P」と「F」が増えることで「C（炭水化物）」の摂取量を圧迫することになります。

そのころの私は、自分自身が「糖質をかなり制限しないと絞れないタイプなんだ」と勝手に思い込んでいました。今思えば、それは「P」と「F」の量が多すぎただけです。

そして、私がボディビルを始めて30年目にしてようやく気づいたのが、まずは「タンパク質の摂取量はこんなに必要ないのでは？」ということです。ここを改善するために、タンパク質摂取量も体重1kgにつき2・0から2・5gほどに減らしました。それまでの半分程度の量になります。もちろん不安はありました。しばらく様子を見て、何かよくない体感があれば、すぐにもとに戻す気で始めました。ただ、数カ月行っても、トレーニング及び見た目の良くない変化などは全くありませんでした。また、タンパク質を減らしたと同時に、タンパク質を摂取する際の食材の種類も鶏の胸肉とノンオイルのツナ缶のみに絞りました。「P」を減らしたと同時に、自然と「F」も減ることになります。これにより、ダイエット中の糖質摂取量は、１・５倍ほど増やすことができました。

炭水化物に関しては、私は白米を好んでいます。炭水化物は摂取しているときの体感がとても分かりやすい食材ではないかと思います。玄米だとトレーニング中に元気が出ないなどの体感がある方もときどきいらっしゃいます。糖質は、筋肉を維持する上ではもっとも重要な栄養素なので、体感が良いものを選択することをおすすめします。

脂質の摂取量に関しては個人差があるのではないかと思います。私は脂質をかなり減らしても、まったくダメージが感じません。脂質を減らしすぎると何か体感がある方は、自分に見合った最低限の量の脂質をしっかり確保できるようにしましょう。ダイエットの方法は、ボディビルダーでもみなさんそれぞれ異なるものです。もちろんその方の筋肉量や代謝によって摂取するカロリーは変わりますが、糖質をできるだけ多く摂りながらダイエットしていく方法は、みなさんにとって共通する内容かと思います。できる限りストレスがなく、筋肉をしっかりと残しながら体脂肪だけをゆっくりと落とし、理想の身体を手に入れましょう。

おわりに

もしかすると、私のパーソナルトレーニング指導を受けると何回も補助で挙げさせられて、身体を動かせなくなるまで追い込まれるのではないかと、そんなイメージを抱いている方もいらっしゃるかもしれません。しかし、実際は私はパーソナル指導では補助は一切行いません。あくまで、お客様ご自身の力で挙げていただきます。逆に重量に関しては、普段みなさんがトレーニングされている重量よりも、かなり軽くなるはずです。

私がご指導させていただく上で信条としているのが、お客様に「本当はまだこんなにも余力が残っていたんだ」と、ご自身の伸びしろに気づいていただくことです。自ら挑戦し、壁を乗り越えて、成功体験をしていただく。そのお手伝いをさせていただいています。

本書で解説させていただきました通り、前回よりも1kgでも重く、1回でも多く挙げようというマインドの重要性については、ご理解いただけたかと思います。そして、その成功体験の積み重ねが、私たちを成長へと導いてくれるのです。

それは何もトレーニングに限ったことではありません。勉学でも習い事でもスポーツでも、昨日の自分よりも成長している。そんなちょっとした成長を感じ取れるものが日常生活の中にあると、精神面にもプラスに働きます。いつも、前向きな気持ちでいられるものです。

人は成功することに喜びを覚え、そこに楽しさを見出します。前回よりも1kgでも重く、1回でも多く挙げようというマインドで取り組むトレーニングには、そうした要素がたくさん詰め込まれています。

特に、トレーニングを始めたばかりの方には、伸びしろしかありません。長年に渡ってトレーニングと向き合ってきた方にも、まだまだ未知なる伸びしろが隠されているはずです。

トレーニングで得られるのは、筋肉だけではありません。かっこいい身体になる、理想の肉体を手に入れられるということ以外にも、私たちの生活に様々なプラスアルファの作用をもたらしてくれます。

自ら挑戦し、そして成功する。そうした体験を、トレーニングを通して積み重ねていただければと思います。本書を通じて、みなさまの人生をさらに豊かにするお手伝いができたとしたら、これほど嬉しいことはありません。

2024年10月　木澤大祐

動画《どうが》(QRコード)でよくわかる!

ジュラシック木澤式《きざわしき》
超筋肥大《ちょうきんひだい》トレーニング

2024年10月31日　第1版第1刷発行

著　者　木澤大祐《きざわだいすけ》
発行人　池田哲雄
発行所　株式会社ベースボール・マガジン社
〒103-8482
東京都中央区日本橋浜町2-61-9　TIE浜町ビル
電話　03-5643-3930（販売部）
03-5643-3885（出版部）
振替口座　00180-6-46620
https://www.bbm-japan.com/

印刷・製本　共同印刷株式会社

Printed in Japan
ISBN　978-4-583-11667-9　C2075
